Bead Embroidery Stitch Samplers 130

비즈가 귀여운 자수 스티치

Planning, production, editing & book design: Chiaki Kitaya, Yasuko Endo and Kuma Imamura (CRK design)

Stitch design & piece production: Yasuko Endo (CRK design)

Alphabet design: Kaoru Emoto (CRK design)

Cooperation to piece production: Midori Nishida, Setsuko Ishii, Takako Nogi and Yoko Ogawa

Photography: Yoshiharu Ohtaki (studio seek)

Procedure photography: Nobuei Araki (studio seek)

Styling: CRK design

Model: Masumi Minato

Editing and illustration for Lesson Note pages: Kuma Imamura (CRK design)

Cooperation to editing & illustrations: Tomoko Kajiyama

Cooperation to photo shooting: AWABEES

Editor: Naoko Yamamoto (Graphic-sha Publishing Co., Ltd.)

Bead Embroidery Stitch Samplers
by CRK design / Yasuko Endo

First designed and published in Japan in 2011 by Graphic-sha Publishing Co., Ltd.
This Korean edition was published in Korea in 2013 by Iaso Publishing Co.
Translation rights arranged with Graphic-sha Publishing Co., Ltd.
through Tohan Corporation, Tokyo and Shinwon Agency Co., Seoul.

Bead Embroidery Stitch Samplers 130

비즈가 귀여운 자수 스티치

CRK DESIGN · YASUKO ENDO 지음 · 황선영 옮김

이아소

Bead Embroidery Stitch Samplers 130

비즈가 귀여운 자수 스티치

contents

BASIC LESSON

LESSON-1

BASIC LESSON

왼쪽의 리넨 셔츠: 칼라 〈stitch design 51〉 DMC 8번 ECRU(원사) · B5200(흰색) / 환대 비즈 122(밀크색), 앞단 〈stitch design 52〉 DMC 8번 ECRU(원사) / 환대 비즈 122(밀크색), 소매 〈stitch design 56〉 DMC 8번 ECRU(원사) / 환대 비즈 122(밀크색), 캐미솔 : 목둘레 〈stitch design 52〉 DMC 8번 ECRU(원사) / 환대 비즈 122(밀크색), 가슴 〈stitch design p.62〉 DMC 25번 739(베이지색 · 3가닥) / 환대 비즈 557(금색)

라피아모자 : 〈stitch design 32〉 DMC 25번 3864(베이지색 · 2가닥) / 환소 비즈 173(노란색), 막대 비즈 3mm 7(녹색), 막대 비즈 6mm 111(진노란색), 〈stitch design 78〉 DMC 25번 3863(소맥색 · 4가닥) / 환대 비즈 174(오렌지색), 105(황록색)

잼 용기 리본 : 왼쪽 〈stitch design 65 · 63〉 DMC 25번 841(베이지색) / 환대 비즈 105(황록색), 174(오렌지색), 332(적보라색), 402(노란색), 405(붉은색), 환소 비즈 105(황록색), 가운데 〈stitch design 89〉 DMC 25번 841(베이지색) / 환소 비즈 105(황록색), 332(적보라색), 111(진노란색), 402(노란색), 405(붉은색), 오른쪽 〈stitch design 64〉 DMC 25번 3347(녹색) / 환소 비즈 332(적보라색), 405(붉은색) ※실은 모두 4가닥.

MATERIALS

Beads
비즈 · 스팽글

환대 비즈 (직경 3mm의 둥근 비즈)

화소 비즈 (직경 2~2.2mm의 둥근 비즈)

막대 비즈*(3mm · 6mm)

*막대 비즈는 원통형 비즈로 대나무 비즈라고도 한다.

마가타마 비즈

진주 비즈

스팽글

TOHO Beads
토호비즈

한 알씩 형태가 가지런히 정리되어 있는 최상품의 유리 비즈. 구멍이 조금 큰 게 특징으로, 자수바늘을 통과시키기 쉽고, 여러 소재의 실과도 조화가 잘 맞는다. 비즈나 스팽글의 다양한 표정과 스티치는 리메이크의 즐거움까지 안겨준다.

광택이 있는 약간 굵은 코튼실. 색 수가 풍부. 8번 자수실

DMC
25번 자수실

DMC의 25번 실은 품질이 우수하고, 465가지의 섬세한 컬러 변형이 가장 매력적. 세탁 후에도 색이 빠지지 않고, 내구성도 있어 아름다움이 유지된다. 6가닥으로 꼰 실은 작품에 따라 가닥수를 증감해서 사용한다.

12번 자수실
광택이 있는 조금 가는 코튼실.

Threads 실

25번 자수실

애플톤 크루엘 울
폭신폭신한 느낌으로 완성되는 자수용 울실. 페일톤부터 비비드컬러에 이르기까지 풍부한 색상이 매력적이다.

마사(麻絲)
자연스러운 느낌의 리넨실.

재봉실 #60
스팽글을 수놓을 때 2가닥으로 해서 사용한다.

5번 자수실
(실)타래로 되어 있는 조금 굵은 코튼실.

Fabrics 천

DMC
니들워크 패브릭(바느질 천)

고급 자수용 리넨. 28카운트와 32카운트가 있다.

DMC PRINTED
니들워크 패브릭(바느질 천)

14카운트로 보더 프린트. 핑크 · 흰색과 블루 · 흰색 두 가지.

Needles 바늘

Clover
프랑스 자수바늘

비즈 자수 스티치를 하기에 적합한 바늘. 바늘 끝이 뾰족해서 수놓기가 수월하다. 실 굵기나 실 가닥수에 따라 바늘이 분리되어 있기 때문에 구색을 갖춰 한 세트로 가지고 있으면 편리하다. 비즈나 자수실과의 대응표는 p.67 참조.

자수용 임시 접착심지

니트처럼 신축성 있는 천에 수를 놓을 때 사용한다. 천 안쪽에 다림질로 임시 고정시키면 천이 안정돼 수놓기가 쉬워진다.

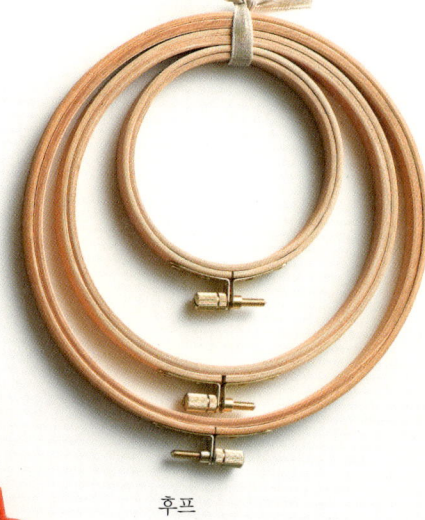

자수바늘
끝이 둥근 타입

환소 비즈를 꿰는 '가는 바늘' 과 굵은 실을 꿸 때 쓰는 '굵은 바늘' 두 종류. 바늘 끝이 둥글기 때문에 실 가르기가 어렵고, 바늘귀(구멍 부분)가 가늘어서 비즈를 꿰기는 수월하다.

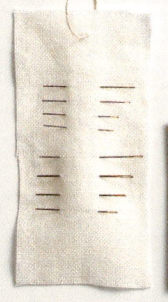

비즈 자수바늘

섬세한 비즈자수용 바늘. 재봉실로 스팽글을 고정시키거나 환소 비즈를 꿰매 붙일 때 사용한다.

크로스 스티치 바늘

끝이 둥근 크로스 스티치용 바늘. 천을 뜰 때 천의 올이나 자수실을 가르기가 어렵다.

가위

섬세한 부분을 자를 수 있도록 칼날 끝이 가늘고 작은 가위가 적합하다.

후프

천을 팽팽하게 잡아당겨서 수놓기 위한 자수틀. 도안에 맞춰 이동하며 수를 놓는다.

방안자

천의 색에 맞춰서 사용할 수 있는 2색 방안자. 잘 휘어지기 때문에 곡선 부분을 재거나 표시할 때 편리하다.

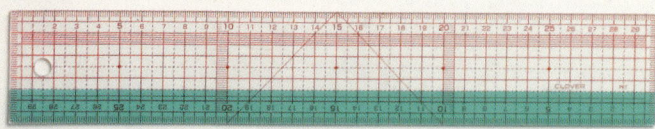

트레이서(tracer)

자세한 도안을 옮길 때 초크지(복사지)와 함께 사용한다. 다 쓴 볼펜을 대신 사용해도 된다.

초크펜슬

짙은 색 천에 표시할 때 편리한 펜슬 타입 초크. 한쪽에 붙어 있는 브러시로 간단히 지울 수 있다.

스탬프

DMC 오리지널 알파벳 스탬프. 천용 잉크로 무늬 대신 찍은 뒤 비즈를 수놓거나, 지워지는 잉크로 찍어서 도안 대신 사용하기도 한다.

웨이스트 캔버스

칸수를 셀 수 없는 천에 카운트 스티치를 하고 싶을 때 사용한다. 스티치를 한 다음 분무기로 물을 뿌리고 한 올씩 뽑아낸다.

초크지(한쪽 면)

도안을 옮길 때 사용한다. 초크가 묻은 면을 천에 대고 도안과 셀로판종이를 겹친 후 트레이서나 못 쓰는 볼펜으로 덧그린다.

수성 초크펜(지우개펜 부착)

뚜렷한 표시가 가능하고, 물로 지워지는 편리한 초크펜. 붙어 있는 지우개펜을 사용하면 지우고 싶은 곳을 빠르고 정확하게 지울 수가 있다.

자수의 기본을 시작하기 전에…

Threads 실 사용 방법… 시작하기 전에 손을 깨끗이 씻자.

25 번 자수실

6가닥의 가는 실을 한 가닥으로 꼬아놓은 자수실. 'ㅇ가닥'이라는 것은 가는 실의 가닥수를 의미하며, 실을 뽑아 가지런히 정돈한 뒤 사용한다.

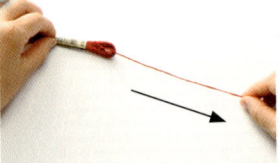

1 실 끝을 빼내 45~50cm 길이로 자른다. 너무 길면 실에 보풀이 일거나 손상이 가기 쉬우니 주의하도록 하자.

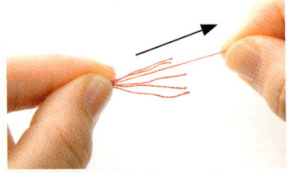

2 6가닥의 다발에서 1가닥씩 빼낸다. 6가닥을 모두 사용할 때도 그대로 사용하지 말고 1가닥씩 뽑아낸 뒤 다시 가지런히 정돈한다.

3 사용할 만큼 빼내 실 끝을 가지런히 정돈한다.

크루엘 울

울 자수실도 25번 자수실과 같은 방법으로 바늘에 통과시키는데, 실을 꿰기 힘든 경우에는 스레더(threader: 실 꿰는 도구)나 재봉실을 이용해서 통과시킨다.

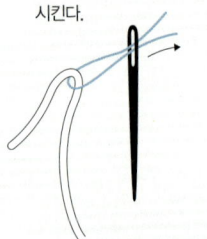

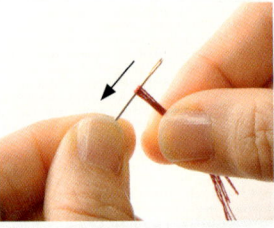

4 실 끝을 바늘에 대고 접어 손가락으로 꼭 누르고 화살표 방향으로 바늘을 빼낸다.

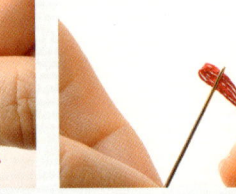

5 실의 접힌 부분을 바늘구멍에 밀어 넣는다.

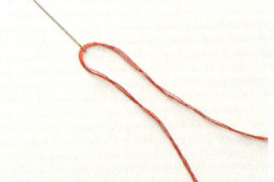

6 실의 한쪽 끝을 바늘구멍에서 빼내 10cm 정도 내놓는다.

5 번 자수실

한 가닥의 긴 실을 둥글게 감아 놓은 실타래. 미리 사용하기 좋은 길이로 잘라 놓는다.

1 라벨을 벗기고 실타래의 꼬임을 푼다.

2 둥글게 되어 있는 실의 매듭 부분을 자른다.

3 라벨을 다시 끼워 한데 모으고, 느슨하게 세 가닥으로 땋는다. 접힌 쪽에서 실을 1가닥씩 뽑아 사용한다.

← 색상 번호가 있는 라벨

Beads 비즈 사용 방법… 낱개로 포장되어 있는 비즈와 실에 꿰어 놓은 비즈. 용도에 맞춰서 사용한다.

낱알 비즈

종류별로 작은 볼에 분리해 놓고, 바늘로 한 알씩 집어서 사용한다.

실에 꿰어 놓은 비즈

자수실을 통과시킨다

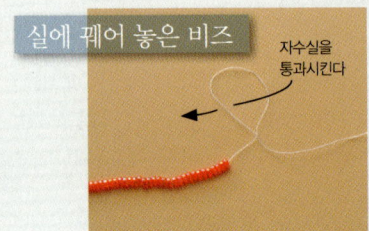

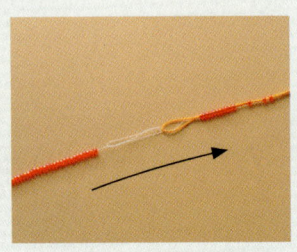

카우칭 스티치처럼 미리 많은 양의 비즈를 꿰어 두는 경우에 편리한 방법. 비즈를 통과시킨 실 끝에 풀어지는 고리를 만들고, 자수실을 10cm 정도 끼워 넣는다.

비즈를 미끄러뜨려 자수실 쪽으로 옮긴다. 실이 빠져 비즈가 흩어지지 않도록 조심스럽게 미끄러뜨린다.

Mark & Trace 표시하는 방법… 패턴의 종류나 자수 놓는 천에 따라 표시하는 방법이나 사용하는 도구가 달라진다.

선이나 점으로 표시한다

스티치의 폭이나 간격을 나타내는 기준으로, 선이나 점으로 가이드라인을 잡는다.

수성 초크펜
코튼이나 리넨처럼 일반적인 천에 사용. 물이나 부착된 지우개펜으로 손쉽게 지울 수 있다.

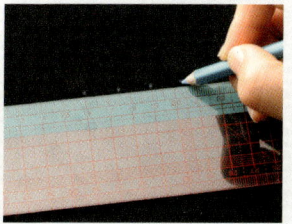

초크펜슬
색상이 짙은 천에도 표시하기 쉽고, 손가락으로 털거나 부착된 브러시로 지울 수 있다.

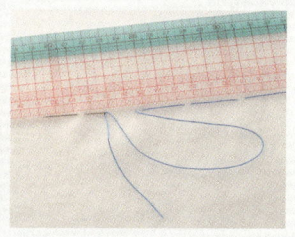

실표
울이나 니트류처럼 초크펜이 먹지 않는 천은 재봉실 등으로 꿰매서 표시한다.

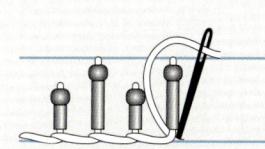

스티치의 폭을 정확히 맞추고 싶은 경우는 실선으로.

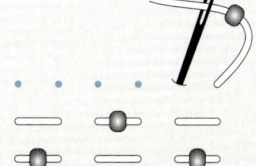

간격을 정해두고 싶은 경우는 바늘 넣는 위치에 점을 찍는다.

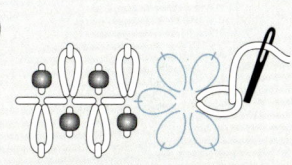

스티치의 모양을 준비해놓고 싶은 경우는 도안을 그대로 옮긴다.

도안을 옮긴다

스티치의 모양을 정확히 옮기고 싶은 경우에는 초크지(한쪽 면)를 사용한다. 핀이나 테이프로 단단히 고정시킨 뒤 옮기도록 한다.

1 트레이싱 페이퍼(투사지) 같은 얇은 종이에 도안을 옮겨 그린다.

2 천에 초크지의 전사면 쪽을 대고, 그 위에 도안을 겹쳐놓는다. 그런 다음 매끄럽게 잘 그려지도록 셀로판종이를 겹친 뒤 트레이서로 따라 그린다.

3 도안을 다 옮긴 상태. 꽃잎 등은 모양 전체를 옮기고, 규칙적인 연속무늬는 수를 놓을 포인트만 표시한다.

Hoop 후프(자수틀) 사용 방법… 작은 도안이나 힘 있는 천에 수를 놓을 때는 손끝으로 천을 팽팽히 당기면서 하면 된다.

후프를 끼운다

약간 힘이 없는 천이나 천의 올을 세며 수를 놓는 크로스 스티치 등에 후프를 끼워 사용하면 수놓기가 쉽다.

1 자수 천을 보호하고, 천이 밀리지 않도록 하기 위해 바이어스 천으로 안쪽 틀을 휘감는다.

2 안쪽 틀에 자수 천을 올리고 바깥쪽 틀을 끼운 뒤 나사를 조인다. 비즈가 틀에 걸리는 경우에는 다른 천을 덮어씌운 다음 바깥쪽 틀을 느슨하게 끼운다.

3 천을 올에 맞춰서 균등하게 잡아당겨 수놓기 편한 상태를 만든다. 천의 올이 뒤틀리지 않도록 주의하자.

자수의 기본 크로스 스티치 수놓는 방법

규칙적으로 ✕ 모양이 되도록 천의 올을 세면서 수를 놓는다.
예쁘게 완성하려면 위에 놓이는 실이
항상 같은 방향이 되도록 한다.

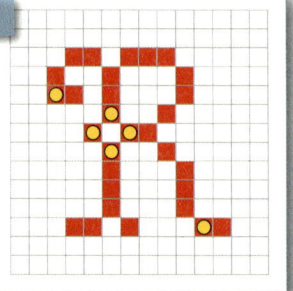

도안 보는 방법

■는 스티치의 ✕를, ●는 비즈
넣는 위치를 나타낸다. 수를 놓는
칸수에 따라 스티치의 크기가 변
한다.

2칸 자수   1칸 자수

★도안은 p.62 게재.

How to Stitch
크로스 스티치 수놓는 방법

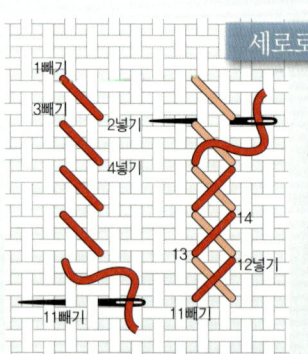

세로로 연이어 수놓기

1빼기
3빼기
2넣기
4넣기
14
13 12넣기
11빼기
11빼기

먼저 한쪽 방향으로 연이
어 수를 놓고, 다시 되돌아
오면서 ✕ 모양을 완성한
다. 스티치가 연결되어 있
거나 면을 채워 넣는 경
우에 효율적인 자수 방법
이다.

한 칸씩 수놓기

✕ 모양 한 개씩을 완성해
가면서 수를 놓는다.

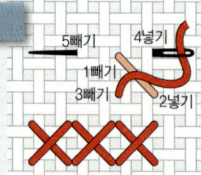

5빼기 4넣기
1빼기
3빼기 2넣기

R을 수놓아 보자

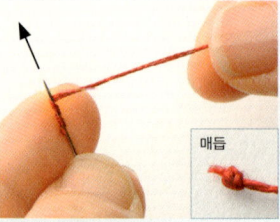

매듭

1 실 끝을 바늘로 누르고 실을 2~3회
감은 다음 바늘을 위로 빼낸다.

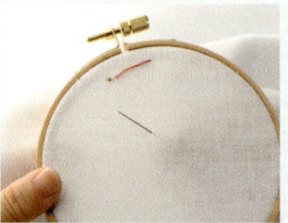

2 조금 떨어진 곳에서 바늘을 넣고 수
놓기 시작할 위치로 바늘을 빼낸다.

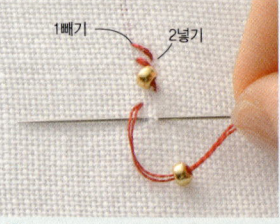

1빼기   2넣기

3 세로로 한쪽 방향으로 연이어 수를 놓
는다. 비즈를 넣는 부분은 바늘을 빼
낸 후에 비즈를 꿴다.

4 되돌아오면서 모양을 완성한다. 비
즈 부분은 아래 포인트를 참조해서
수를 놓아보자.

Point

비즈를 고정시킨다

비즈가 기울어지지 않게 안정
된 방향으로 고정시킬 수 있다.

1빼기
2넣기

1 비즈를 끼우고 아래쪽 반
칸을 수놓는다.

4넣기
3빼기   2가닥씩
가른다

2 비즈를 중심으로 실을 반으로 갈
라서 위쪽 반 칸을 놓는다.

3 비즈가 양옆으로 단단히
고정된다.

Stamp

크로스 스티치 스탬프

도안 대신에 펑! 하고 스탬프를 찍으면, 올을 세기 어려운 천에도 크로스 스티치를 할 수가 있다.

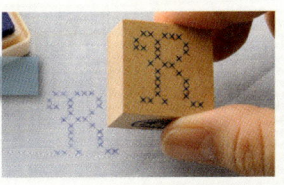

1 실과 색이 같은 천용 잉크 또는 지워지는 잉크로 스탬프를 찍는다.

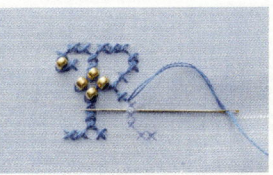

2 ×와 × 사이를 기준으로 천을 뜬다.

스탬프는 살려두고 비즈만으로 장식해도….

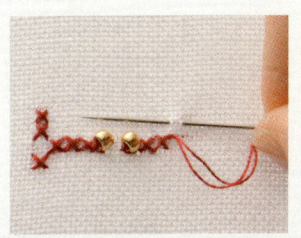

5 수놓기 쉬운 방향으로 천을 회전시키며 진행한다.

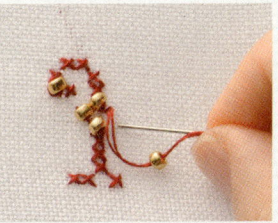

6 중앙에 비즈를 넣으면서 왼쪽에서 오른쪽으로, 가로로 진행한다.

7 왼쪽으로 다시 되돌려 올을 완성시킨다.

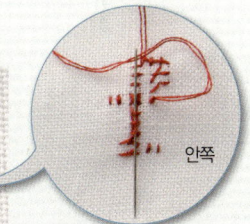

안쪽

남은 실이 7~8cm 정도 됐을 때는 안쪽에서 매듭을 짓고, 실 끝을 스티치 실에 얽어서 마무리한다.

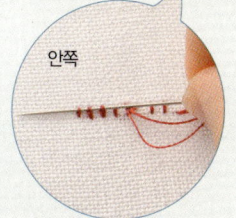

안쪽

떨어진 곳에서 계속되는 경우에는, 안쪽에서 스티치에 통과시켜 이동한다.

8 문자의 오른쪽을 수놓는다.

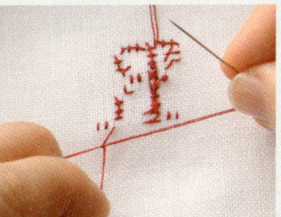

9 수놓기가 끝나면 안쪽에서 매듭을 짓는다. 천의 올이 성긴 경우에는 안쪽으로 지나는 실에 잇도록 한다.

10 실 끝을 스티치에 얽은 다음 남은 실을 자른다.

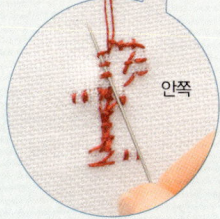

안쪽

새로운 실로 다시 시작할 경우에는 안쪽으로 지나는 실에 얽은 다음 겉으로 실을 빼낸다.

완성

겉   안

자수 시작 부분에 남겨 두었던 실은, 매듭을 자르고 안쪽으로 당겨서 빼낸다. 스티치 실에 잇고, 실 끝을 얽고 마무리한다.

자수의 기본 알아두면 편리한 포인트

Technic 1 모든 천에 가능한 카운트 스티치… 올을 세기 어려운 천에도 규칙적으로 스티치를 할 수 있다.

웨이스트 캔버스

임시로 고정만 시키면 올을 세기 쉬운 천으로 손쉽게 바뀐다. 스티치한 후에 실을 당겨서 빼낸다. 칸의 크기는 다양하기 때문에 도안이나 실의 굵기에 맞춰서 선택하도록 한다.
★크로스 스티치, 홀바인 스티치, 헤링본 스티치, 지그재그 스티치 등에 편리.

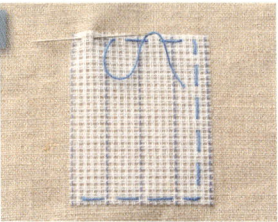

① 수놓고 싶은 도안보다 둘레가 한 단계 크게 웨이스트 캔버스를 자른 다음, 시침질로 천에 고정시킨다.

② 크로스 스티치를 한다. 나중에 실을 빼야 하기 때문에 실을 조금 조이듯이 당겨서 수를 놓도록 한다.

③ 수놓기가 끝난 상태.

④ 전체에 분무기로 물을 뿌려 웨이스트 캔버스의 풀이 녹게 만든다.

⑤ 1가닥씩 웨이스트 캔버스의 실을 잡아뺀다.

⑥ 완성.

Technic 2 니트류에 수를 놓을 때는… 부드럽고 신축성 있는 천에는 접착심지나 한지를 대고 수를 놓는다.

접착심지를 붙인다

신축성 있는 천이 늘어나지 않도록 저온 다림질로 임시 고정시켜 수놓기 쉽게 해주는 접착심지. 한지를 시침질로 고정시켜도 OK.

① 도안보다 둘레를 한 단계 크게 자른 자수용 접착심지를 저온 다림질로 임시 고정시킨다.

② 스티치를 한 후, 접착심지를 조심스럽게 찢어서 제거한다. 실을 당기지 않도록 주의!

③ 완성. 실이 느슨해지거나 당겨지지 않게 완성한다.

Technic 3 실이 짧아졌다면… 무늬가 중간에서 끊기지 않도록 새로운 실로 연결한다.

도중에 실을 잇는다

체인 스티치, 플라이 스티치, 버튼홀 스티치 등 바늘에 실을 걸면서 진행하는 스티치는, 무늬를 연결하면서 새로운 실로 수를 놓아 간다.

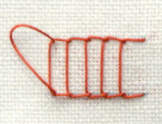

① 맨 마지막 올을 느슨하게 수놓고, 안쪽은 고정시키지 않은 채 그냥 둔다.

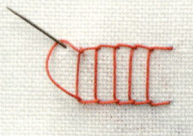

② 바늘에 새로운 실을 꿰고 겉으로 빼낸 다음, 바로 전 올의 실을 바늘에 건다.

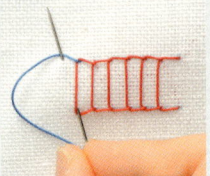

③ 다음 올을 수놓고, 안쪽에서 실을 당겨 올을 정돈한 뒤 실을 마무리한다.

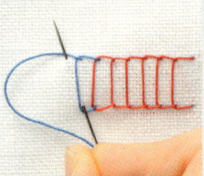

④ 새로운 실로 그대로 무늬를 연결하며 수놓는다.

Customize T-shirt

자수 스티치에 비즈를 넣는 것만으로 입체적이고 표정 있는 자수를 표현할 수 있다.
티셔츠에 바늘로 콕콕, 간단하게 나만의 옷을 만들어보자.

보더 티셔츠: 목둘레 〈stitch design 2〉 DMC 5번 552(보라색)
/ 환대 비즈 23(물색) • 402(노란색), 가슴 〈stitch design 6〉
DMC 5번 517(파란색) / 환대 비즈 264(청록색) • 402(노란색)
그레이 티셔츠: p.16 참조

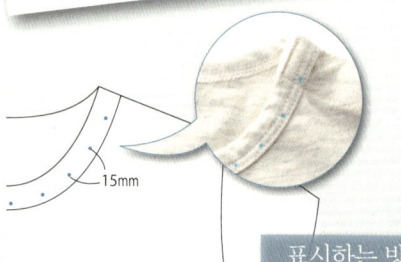

비즈 자수 스티치를 시작해보자

심플한 티셔츠를 비즈와 자수실로 자유롭게 커스터마이즈. 실이나 비즈의 배합으로 자신만의 컬러를 만들어보자.

준비물
- 티셔츠
- 자수실… DMC 5번 자수실 517(파란색) · 321(붉은색) · 552(보라색)
- 비즈… TOHO 환대 비즈 23(물색) · 405(붉은색) · 402(노란색) · 264(청록색)
- 바늘… 클로버 자수바늘 끝이 둥근 타입(0.84mm)
- 수성 초크펜(지우개펜 부착), 자, 가위

심플한 아이용 티셔츠. 어깨 트임이 있는 옷이나 목둘레가 넓은 옷은 빙 둘러 수를 놓아도 좋다.

표시하는 방법

15mm

5mm   15mm

15mm

10mm   25mm

겨드랑이 밑

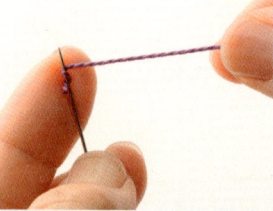

① 도안을 참고해서 목둘레와 가슴에 1.5cm 간격으로 표시(점)한다. 가슴은 겨드랑이 밑을 기점으로 한다.

② 자수실을 바늘에 꿰고 매듭을 짓는다(p.12 참조). 바늘에 감는 횟수에 따라 매듭의 크기가 변한다.

목둘레

목둘레

어깨

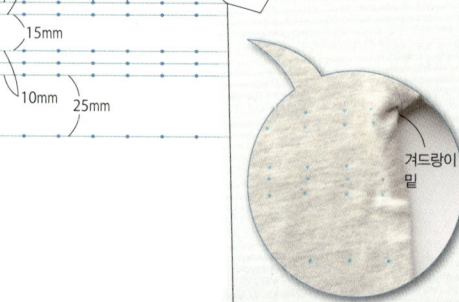

③ 매듭이 시접이나 절개 부분에 숨겨지도록 안쪽에서 바늘을 넣는다.

④ 겉쪽 자수 시작 위치로 바늘을 빼낸다.

〈stitch design 3〉   자수 시작 위치

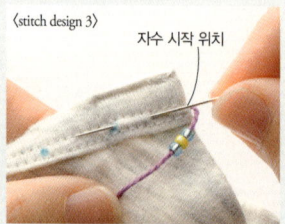

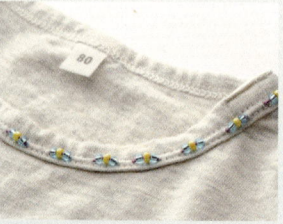

⑤ 비즈 3알을 실에 꿰고, 표시와 표시 사이에 바늘을 넣어 다음 표시가 있는 곳에서 바늘을 빼낸다. 이것을 반복한다.

⑥ 반대쪽 어깨까지 수를 놓은 다음 안쪽으로 바늘을 빼내 시접을 1~2바늘 꿰맨 뒤 매듭을 짓는다.

⑦ 목둘레 스티치 완성.

My motif
나만의 표시를 해보자

이름 대신 넣은 작은 비즈 체리. 아이들도 좋아할 귀여운 나만의 징표이다.

준비물
- 자수실… DMC 5번 자수실 164(약초색)
- 비즈… TOHO 마가타마 비즈 4mmM25(붉은색)
- 바늘… 크로바 자수바늘 끝이 둥근 타입(0.84mm)

실물 크기 도안

- 잎은 모양을 참고하도록 선으로 그린다.
- 줄기는 바늘 넣는 위치를 점으로 그린다.

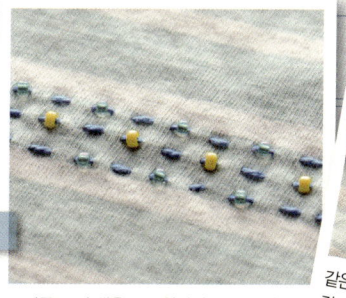

무늬를 살려서

보더나 체크 등의 무늬는 규칙적인 스티치를 할 때 기준으로 삼는다.

보더를 표시 대용으로 위아래 쪽에 스티치를 하고 난 뒤, 중앙을 수놓는다.

같은 배합이라도 비즈 넣는 방법이나 스티치 간격에 변화를 주면 다양한 표정이 연출된다.

〈stitch design 4〉

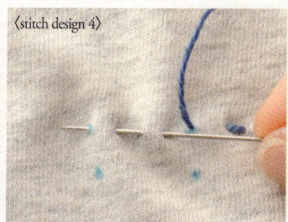

8 가슴의 스티치는 옆선 시접을 1~2 바늘 꿰매고 난 뒤 자수 시작 위치에서 바늘을 빼낸다.

9 위쪽의 무늬는 바늘땀을 고르게 해서 러닝 스티치를 2줄 수놓은 뒤, 반대쪽 옆선 시접에서 매듭을 짓는다.

완성

〈stitch design 3〉
실 552(보라색) / 비즈 23(물색)・402(노란색)

〈stitch design 4〉
실 517(파란색)・321(붉은색) / 비즈 405(붉은색)

〈stitch design 5〉
실 321(붉은색) / 비즈 264(청록색)

〈stitch design 1〉
실 552(보라색) / 비즈 23(물색)・402(노란색)

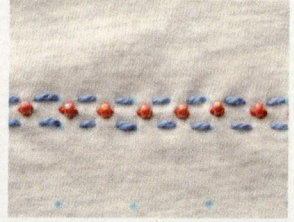

10 2줄의 스티치 사이에 비즈를 1알씩 넣으면서, 바늘땀이 겹치지 않게 러닝 스티치를 한다.

11 위쪽의 무늬가 완성되었다.

〈stitch design 5〉

〈stitch design 1〉

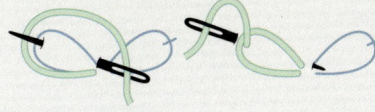

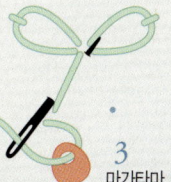

12 2번째 무늬는 바늘땀을 고르게 해서 러닝 스티치를 3줄 수놓는다. 비즈는 한 땀 걸러 넣는다.

13 아래쪽 무늬도 1땀 걸러 비즈를 넣으며 러닝 스티치. 노란색과 물색 비즈를 번갈아 넣는다.

티셔츠처럼 신축성 있는 원단에 수를 놓는 경우에는 실이 느슨해지거나 당겨지기 때문에 매듭을 짓기 전에 적당히 펴주면서 조정하도록 한다.

완성

1 레이지 데이지 스티치로 잎을 수놓는다. 오른쪽 잎도 같은 방법으로 수놓는다.

2 잎의 밑 부분에서 바늘을 빼내 스트레이트 스티치로 줄기를 수놓은 다음 조금 앞쪽에서 바늘을 빼낸다.

3 마가타마 비즈를 실에 꿰고 약간 되돌리듯이 줄기 옆쪽으로 바늘을 넣는다. 오른쪽도 같은 방법으로 수놓는다.

BASIC LESSON
Running Stitches
with Beads

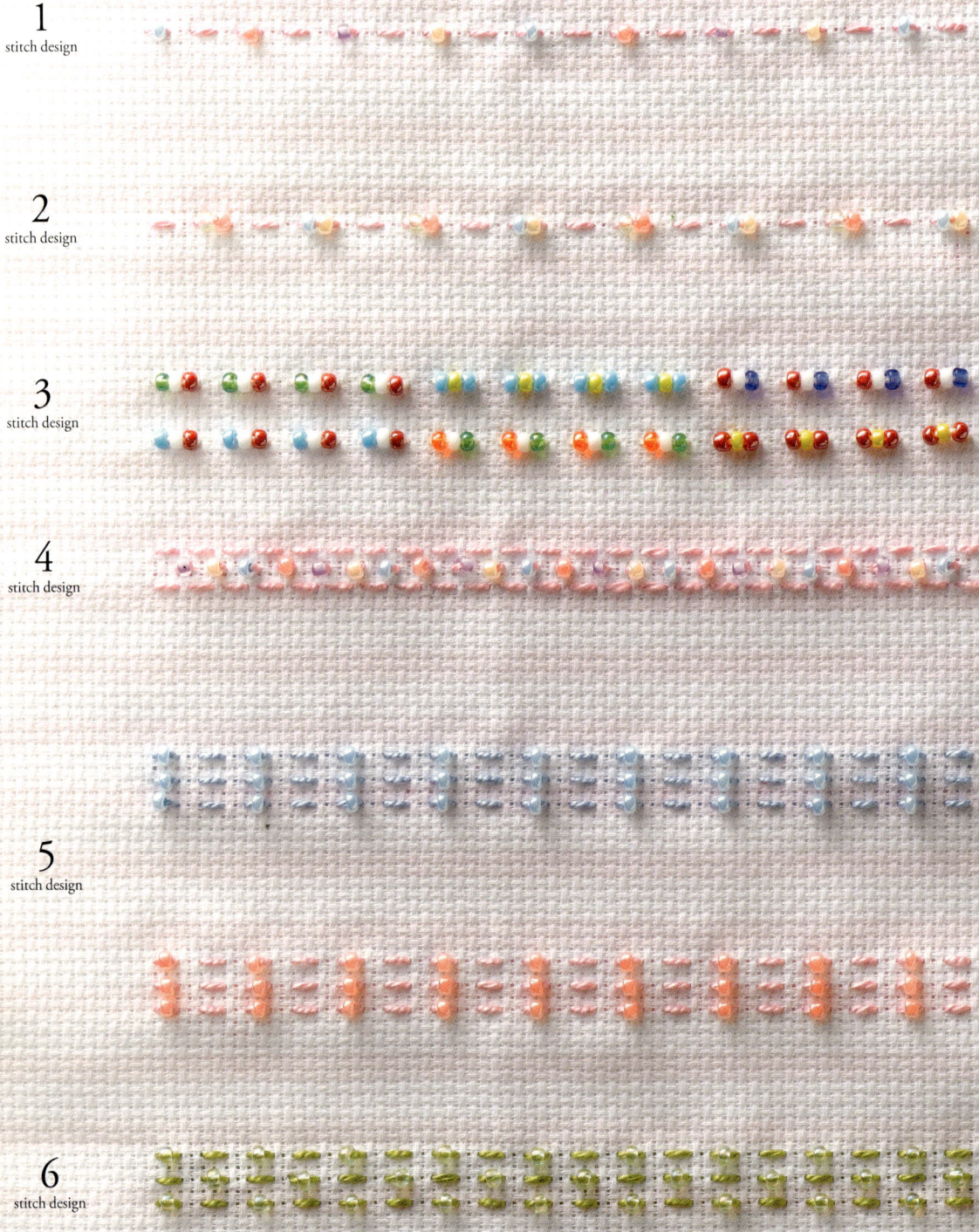

1
stitch design

2
stitch design

3
stitch design

4
stitch design

5
stitch design

6
stitch design

러닝 스티치로 비즈 수놓기

> **Running Stitch**
> **러닝 스티치**
>
> 천의 겉과 안을 번갈아 바늘땀을 내면서 한 번에 2~3바늘씩 리드미컬하게 수를 놓는다. 가장 기본적인 스티치로 손바늘에서는 홈질 또는 시침질이라고 한다.

1 비즈 1알을 한 땀 걸러 끼우기. 여러 가지 색을 사용할 때는 톤을 맞춰서 끼운다

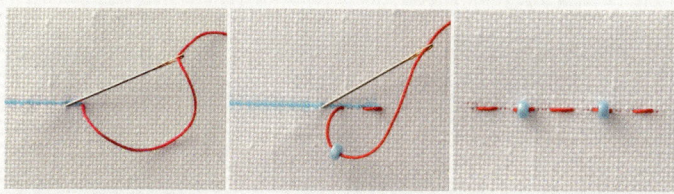

2 비즈 2알을 한 땀 걸러 끼우기. 색의 배합에 따라 다양한 분위기를 연출할 수 있다

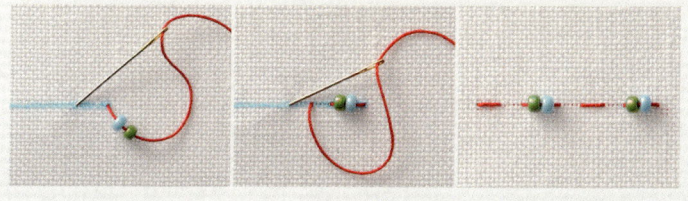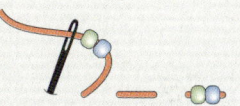

3 한 땀마다 비즈 3알 끼우기. 바늘땀은 비즈 3알을 합친 폭보다는 조금 길게 한다

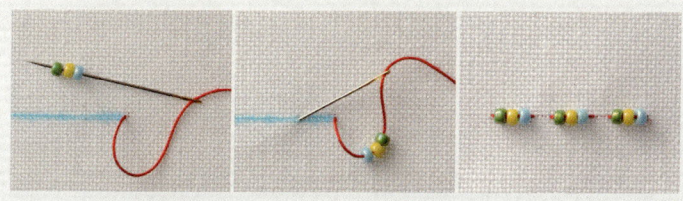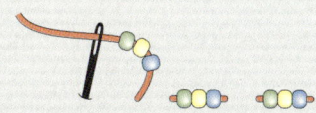

4 2줄의 스티치 사이에 바늘땀을 비껴서 하는 스티치로 비즈를 플러스한다

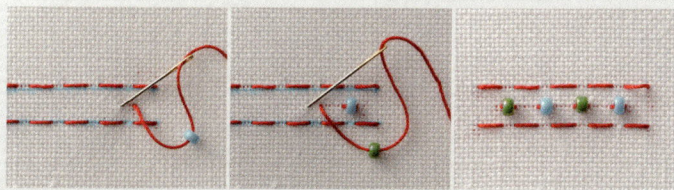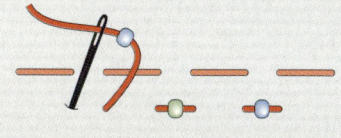

5 1의 스티치를 바늘땀을 잘 맞춰서 3단 겹친다. 색을 맞춰서 멋스러운 분위기로

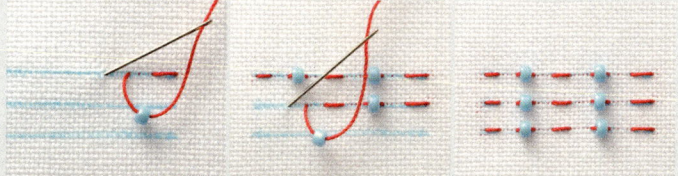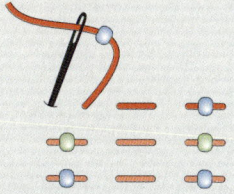

6 1의 스티치를 바늘땀을 비껴서 한다. 경쾌하게 스텝을 밟듯이

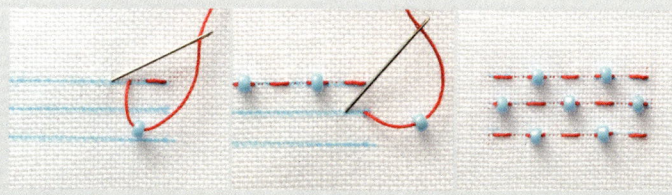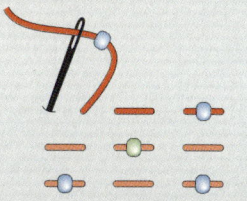

LESSON-1

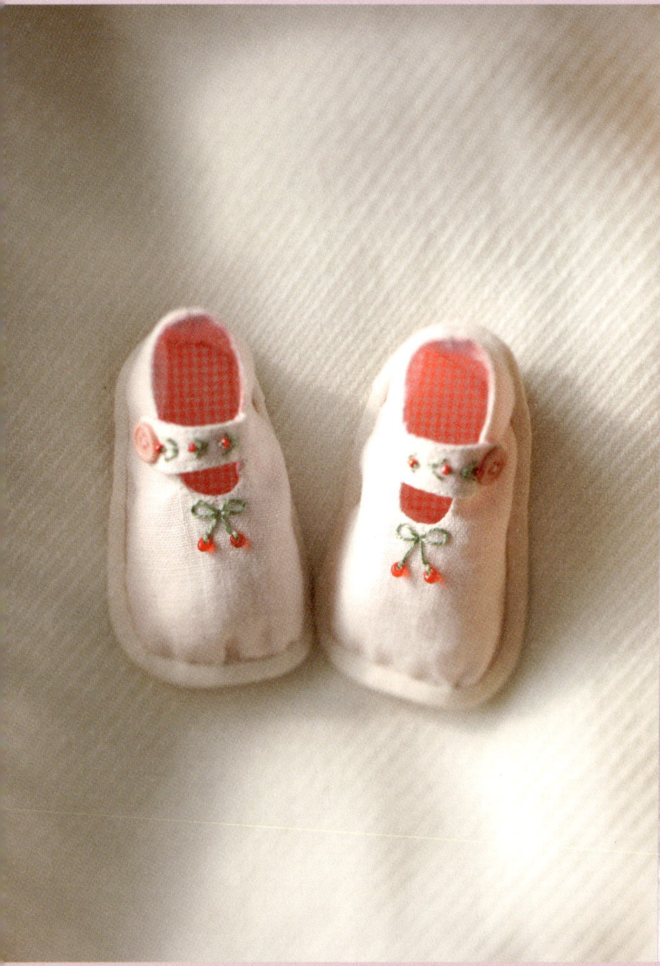

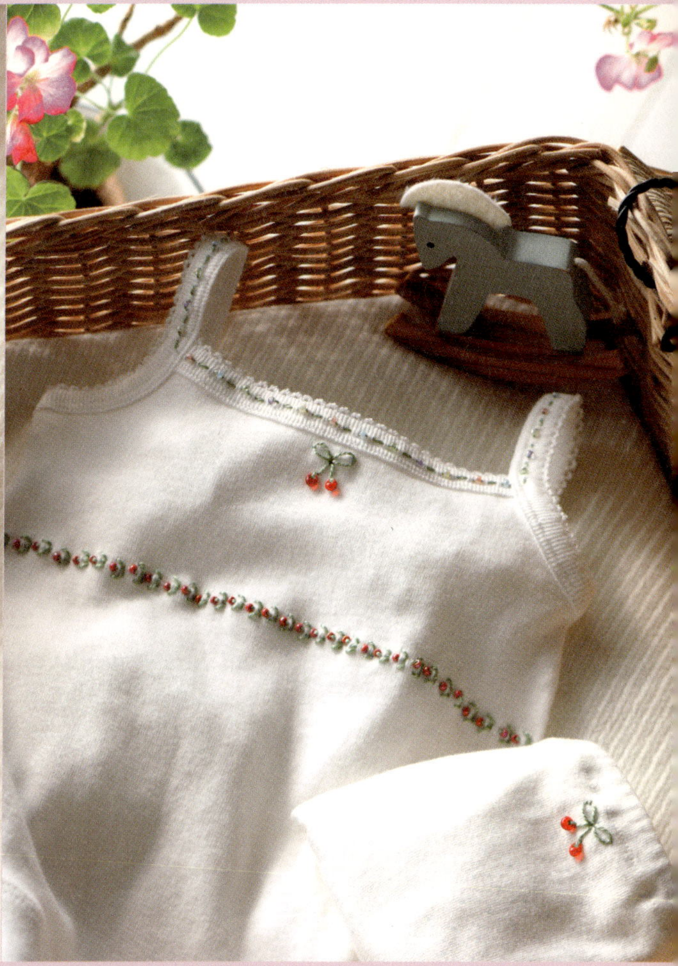

왼쪽 원피스: 목둘레 · 밑단 〈stitch design 13〉 DMC 5번 3689(핑크) / 환대 비즈 905(핑크), 901(노란색), 919(파란색), 943(보라색), 173(황록색), 웨이스트 〈stitch design 14〉 DMC 5번 3689(핑크) / 환대 비즈 905(핑크), 919(파란색), 901(노란색), 〈stitch design 23〉 DMC 5번 3689(핑크) / 환대 비즈 905(핑크), 919(파란색), 901(노란색), 943(보라색), 173(황록색)

베이비 슈즈: 〈stitch design 11〉 DMC 5번 164(약초색) / 환대 비즈 405(붉은색), 체리 〈p.16〉 DMC 5번 164(약초색) / 마가타마 비즈 M25 4mm(붉은색)

베이비 캐미솔 & 팬티: 목둘레 〈stitch design 1〉 DMC 5번 164(약초색) / 환대 비즈 905(핑크), 901(노란색), 919(파란색), 943(보라색), 105(황록색), 가슴 부분 〈stitch design 11〉 DMC 5번 164(약초색) / 환대 비즈 405 (붉은색), 체리 〈p.16〉 DMC 5번 164(약초색) / 마가타마 비즈 M25 4mm(붉은색)

Straight Stitches
with Beads

7
stitch design

8
stitch design

9
stitch design

10
stitch design

11
stitch design

12
stitch design

13
stitch design

스트레이트 스티치로 비즈 수놓기

BASIC LESSON ‖ LESSON-1 ‖ LESSON 2 ‖ LESSON-3 ‖

7 스트레이트 스티치 사이에 비즈 1알 수놓기

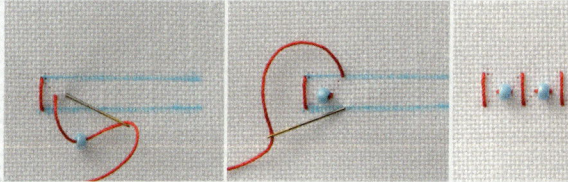

> **Straight Stitch**
> 스트레이트 스티치
> 직선 라인을 수놓는 기본적인 스티치. 평행이나 방사 모양으로 수를 놓는다. 길이나 방향에 변화를 주어 다양한 무늬를 만들 수 있다.

8 스트레이트 스티치 3줄과 비즈 1알로 수놓기 〈뗏목〉

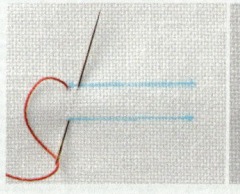 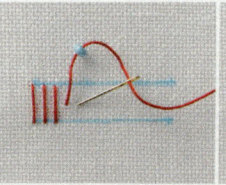 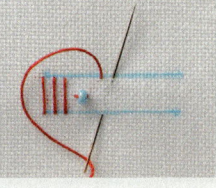 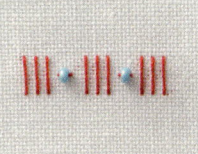

9 스트레이트 스티치와 비즈 1알을 들쭉날쭉하게 반복하기 〈요철〉

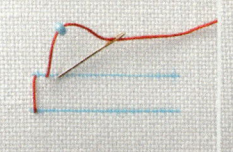 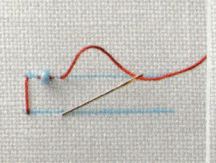 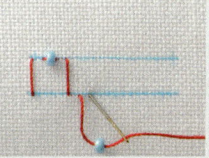 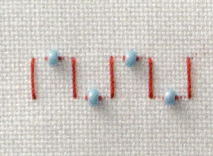

10 비스듬한 스트레이트 스티치와 비즈를 반복해서 수놓기 〈지그재그〉

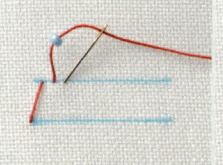 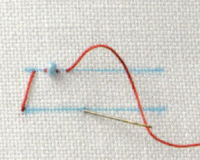 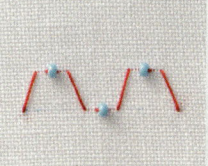

13

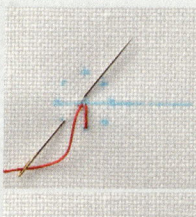

11 스트레이트 스티치를 줄기와 잎으로 수놓기 〈꽃배〉

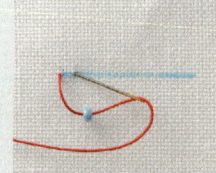 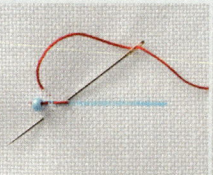  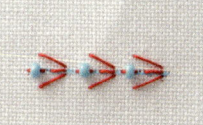

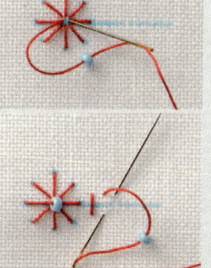

12 3줄의 스트레이트 스티치를 비즈 1알로 묶기 〈장작〉

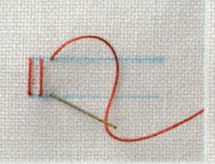 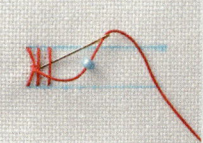 

스트레이트 스티치를 방사 모양으로 수놓은 뒤 비즈로 된 꽃술을 중심에 수놓기 〈해바라기〉

Straight Stitches with Beads (7~13)

Back/Pekinese Stitches
with Beads

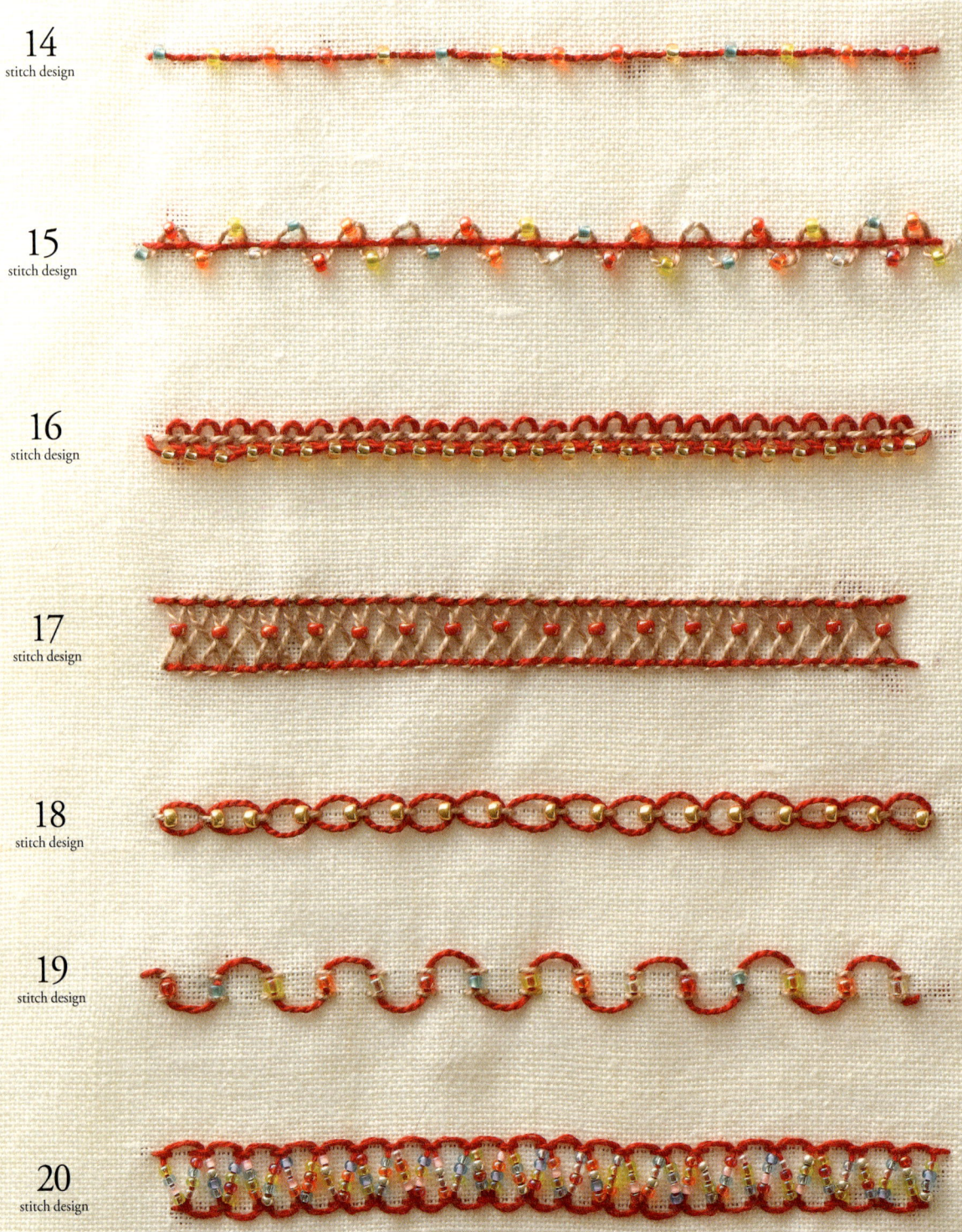

14
stitch design

15
stitch design

16
stitch design

17
stitch design

18
stitch design

19
stitch design

20
stitch design

백 / 페키니즈 스티치로 비즈 수놓기

14 기본적인 백 스티치에 한 땀 걸러 비즈를 1알씩 꿰기

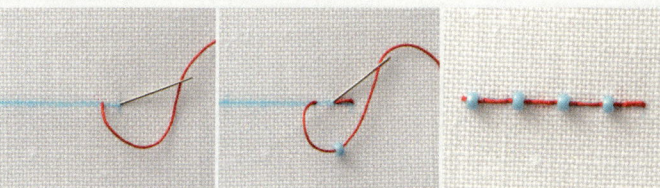

15 스레디드 백 스티치에 1알씩 비즈를 꿰기 〈물결〉

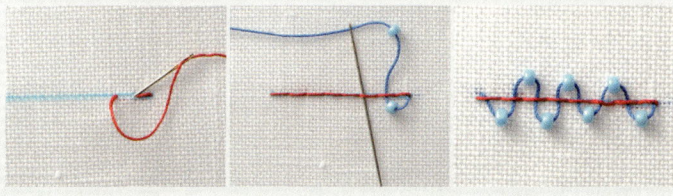

16 백 스티치를 베이스로, 비즈를 꿰어 넣으면서 다른 실을 얽어서 고리를 만든다 〈페키니즈 스티치〉

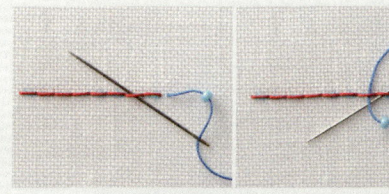  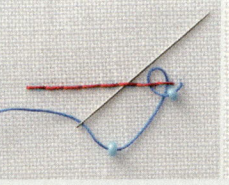 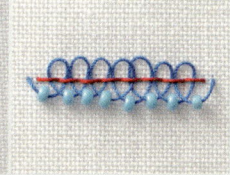

20

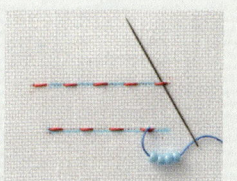

17 2줄의 백 스티치에 헤어핀 레이스처럼 고리 만들기 〈더블 페키니즈 스티치〉

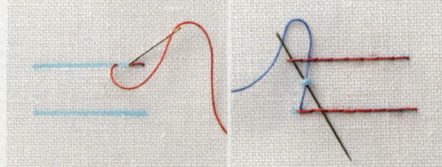 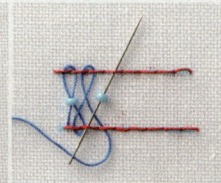 

2줄의 러닝 스티치 사이에 4알씩 비즈를 끼우면서 다른 실로 얽기

18 러닝 스티치로 비즈를 수놓은 뒤 다른 실로 꿴다 〈스레디드 러닝 스티치〉

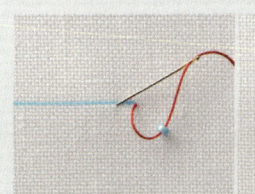  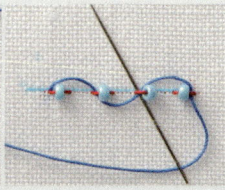 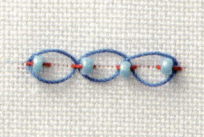 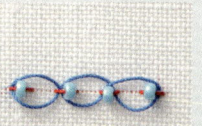

19 2줄의 러닝 스티치 사이에 비즈를 꿰어 넣으면서 다른 실을 얽어서 수놓기

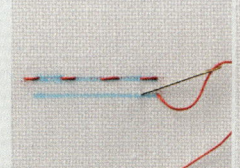 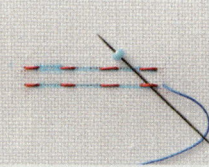 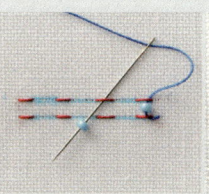 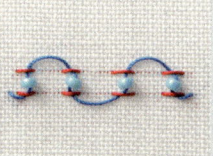

Back/Pekinese Stitches with Beads (14~20)

Outline/Holbein Stitches
with Beads

21
stitch design

22
stitch design

23
stitch design

24
stitch design

25
stitch design

26
stitch design

27
stitch design

아우트라인 스티치 / 홀바인 스티치로 비즈 수놓기

21 아우트라인 스티치에 한 땀 걸러 비즈를 꿰기

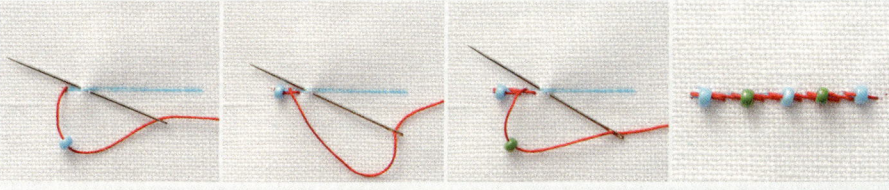

Outline Stitch
아우트라인 스티치

직선이나 커브에 윤곽선을 그
리듯이 수놓는 스티치. 겉으로
나오는 바늘땀의 반 정도를 비
스듬하게 박음질한다. 가능한
균등하게 수놓는 것이 포인트.

22 비즈 2알만큼의 바늘땀으로, 겹쳐짐이 많게 아우트라인 스티치를 한다

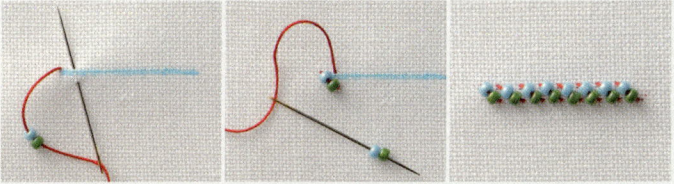

Holbein Stitch
홀바인 스티치

화가 한스 홀바인의 그림에 그
려진 자수에서 유래된 명칭이
다. 겉과 안쪽으로 바늘땀이 균
등하게 수놓아져서 복잡한 기
하학 무늬나 섬세한 윤곽선을
나타내는 데 적합하다.

23 겹침이 많은 아우트라인 스티치를 상하 대칭으로 수놓기 〈애로우 스티치〉

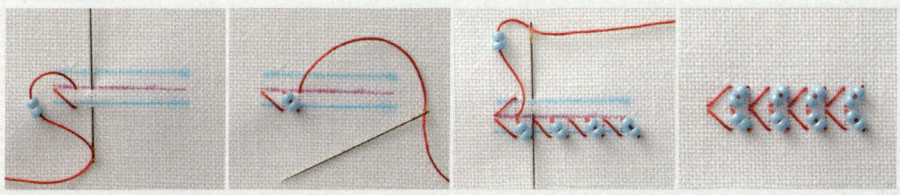

24 비즈를 1알씩 끼운 러닝 스티치 사이를 다른 실로 채워 나간다 〈홀바인 스티치〉

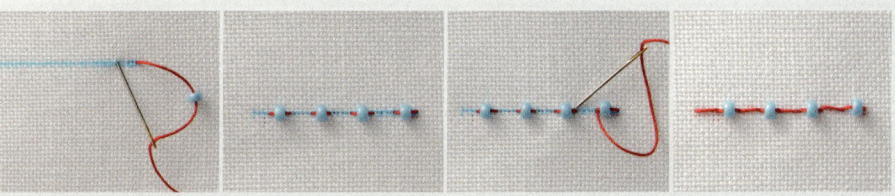

27

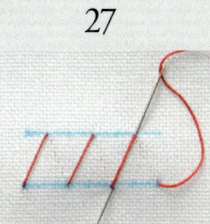

25 凸凹들쭉날쭉하게 수놓은 홀바인 스티치에 비즈도 1알씩 凸凹들쭉날쭉하게

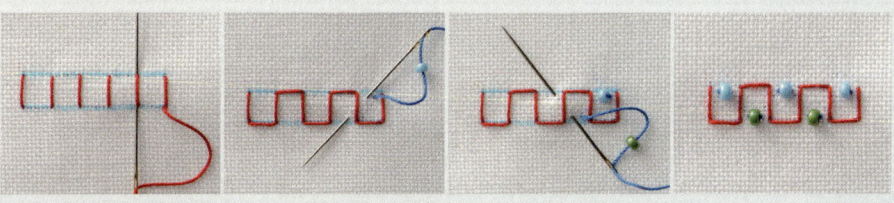

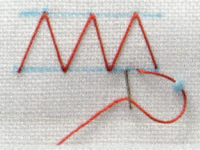

26 지그재그로 수놓아 산을 만들고, 모서리에 비즈를 1알씩 다른 실로 수놓는다

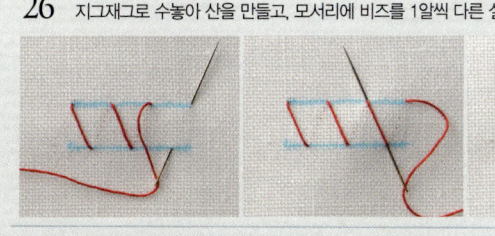 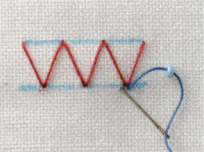 

지그재그 산 사이에 비
즈를 1알씩 러닝 스티
치로 수놓는다

BASIC LESSON | LESSON-1 | LESSON-2 | LESSON-3

Blanket/Buttonhole Stitches
with Beads

28
stitch design

29
stitch design

30
stitch design

31
stitch design

32
stitch design

33
stitch design

34
stitch design

블랭킷 / 버튼홀 스티치로 비즈 수놓기

BASIC LESSON | LESSON-1 | LESSON-2 | LESSON-3

28 버튼홀 스티치를 상하 대칭으로 수놓고 중앙에 비즈를 1알씩 수놓기

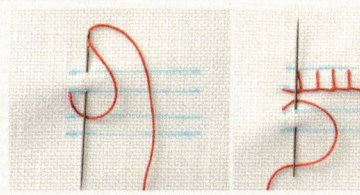 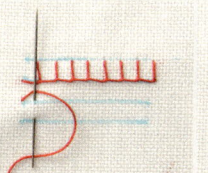 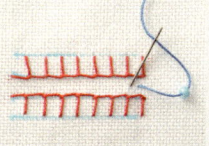 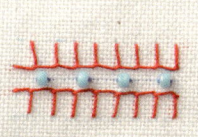

Blanket Stitch
블랭킷 스티치

옛날 모포의 가장자리를 휘감칠 때 사용했던 스티치. 버튼홀 스티치보다 간격을 넓게 하는 자수 방법이다. 퀼트나 아플리케의 테두리를 감침질할 때도 사용된다.

30 버튼홀 스티치에 비즈를 한 땀 걸러 꿰기

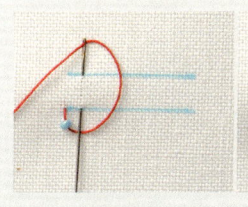 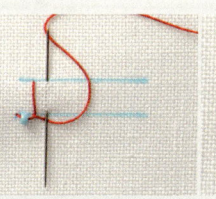 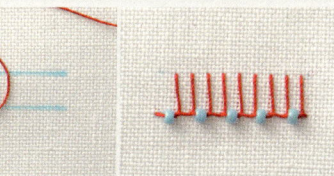

Buttonhole Stitch
버튼홀 스티치

단춧구멍을 휘감칠 때 사용되는 스티치. 바늘에 실을 걸고 간격을 채워가며 수를 놓는다. 장식적인 테두리 감침질이나 면 메우기 자수 등 응용 방법도 다양하다.

31 블랭킷 스티치의 다리에 한 땀 걸러 짧은 바늘땀으로 비즈 수놓기

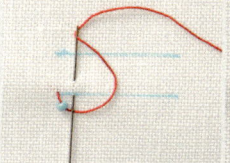 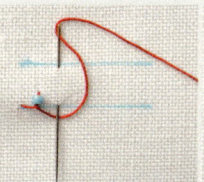 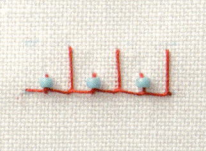

29

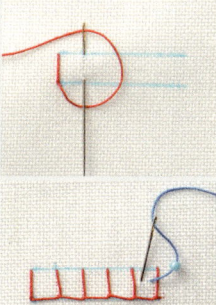

32 길고 짧은 막대 비즈와 환소 비즈를 조화시켜 꽃밭 같은 느낌으로

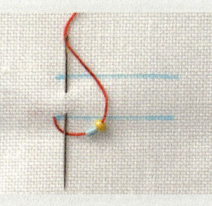 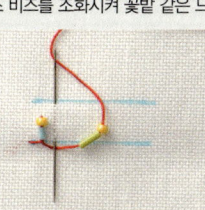 

기본 블랭킷 스티치에 비즈를 1알씩 추가한다

33 블랭킷 스티치의 다리를 막아 삼각형을 만든 뒤 중심에 비즈 수놓기 〈클로즈드 버튼홀 스티치〉

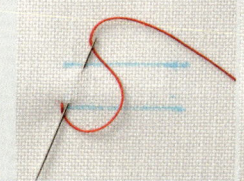 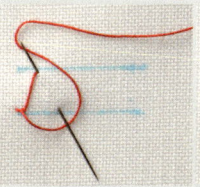 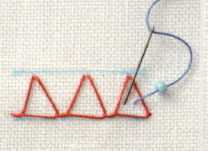 

34 버튼홀 스티치에 실을 2회 걸기. 나는 듯 깡충 뛰어오르는 토끼의 귀처럼

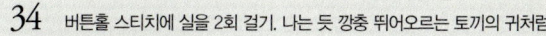

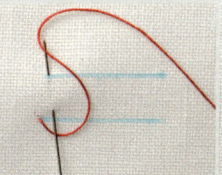 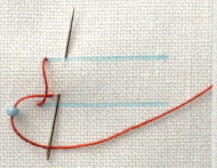 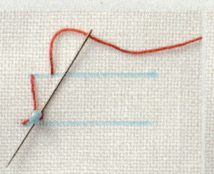 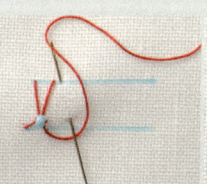 

Lazy Daisy Stitches with Beads
Chain Stitches with Beads   Cross Stitches with Beads
Chevron/Herringbone Stitches with Beads
Fern/Fly Stitches with Beads   Couching Stitches with Beads
Open Cretan Stitches with Beads
Zigzag Stitches with Beads   Feather Stitches with Beads

LESSON-2

왼쪽 페이지 스톨: 〈stitch design 43〉 애플톤 758(진핑크) / 환대 비즈 332(적보라색), 〈stitch design 36〉 애플톤 144(핑크), 758(진핑크) / 환대 비즈 332(적보라색), 〈stitch design 37〉 애플톤 758(진핑크) / 환대 비즈 906(핑크), 332(적보라색), 〈stitch design 38〉 애플톤 544(황록색)/ 환대 비즈 122(밀크색), 105(황록색), 〈stitch design 38〉 애플톤 144(핑크) / 환대 비즈 906(핑크), 106(연핑크)

카디건: 〈stitch design 54〉 DMC 25번 304(붉은색 · 2가닥) / 환대 비즈 332(적보라색), 559(금색), 〈stitch design 93〉 애플톤 187(갈색) / 환대 비즈 332(적보라색), 559(금색)

양말: 왼쪽 〈stitch design 67〉 애플톤 564(파란색) / 환대 비즈 23(파란색), 170(담청색), 264(청록색), 오른쪽 〈stitch design 67〉 애플톤 454(보라색) / 환대 비즈 977(연보라색), 170(담청색), 264(청록색), 공통 〈stitch design 61〉 애플톤 544(녹색), 758(붉은색) / 환대 비즈 105(황록색)
※ 실은 모두 2가닥

Lazy Daisy Stitches
with Beads

35
stitch design

36
stitch design

37
stitch design

38
stitch design

39
stitch design

40
stitch design

41
stitch design

레이지 데이지 스티치로 비즈 수놓기

BASIC LESSON | LESSON-1 | LESSON-2 | LESSON-3

36 비즈로 고정시킨 레이지 데이지 스티치에 다른 실을 통과시켜 수놓기 〈스레디드 체인 스티치〉

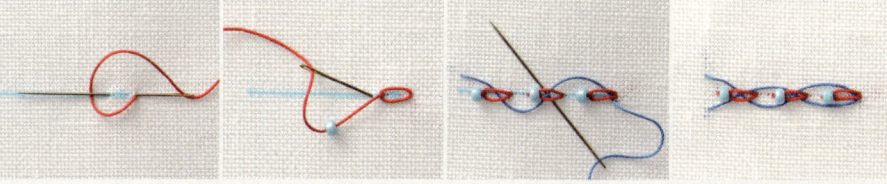

Lazy Daisy Stitch
레이지 데이지 스티치

'게으름뱅이 데이지' 라는 이름 그대로, 작은 꽃잎을 방사 모양 으로 수놓으면 귀여운 데이지 꽃이 만들어진다. 체인 스티치 와 같은 요령으로 수를 놓는다.

37 플라이 레이지 데이지 스티치에 비즈를 2알씩 꿰기

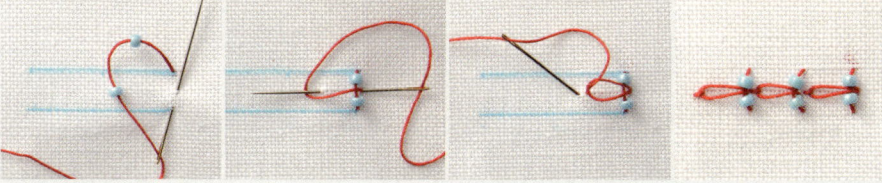

38 상하 대칭으로 수놓은 쌍잎의 레이지 데이지 스티치를 비즈 2알로 연결하기

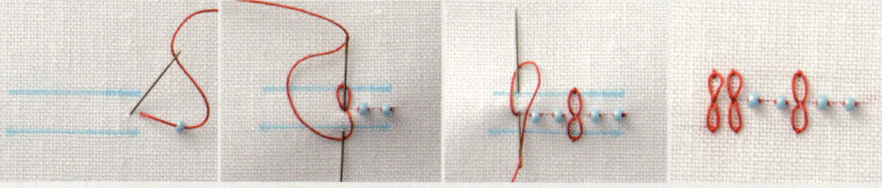

35

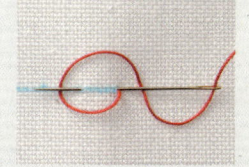

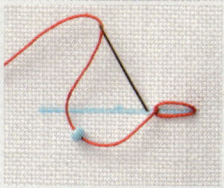

39 레이지 데이지 스티치를 백 스치티와 비즈 1알로 연결하기

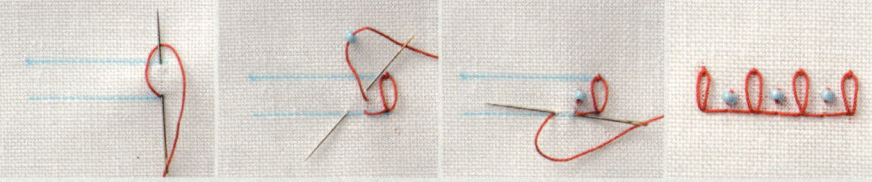

40 레이지 데이지 스티치와 비즈 1알의 조합을 상하 번갈아서 수놓기

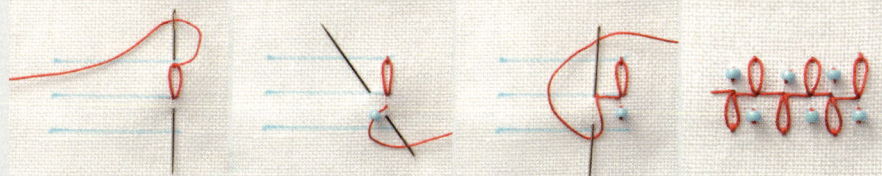

기본적인 레이지 데이 지 스티치를 비즈 1알 로 고정시키기

41 크로스 형태로 수놓은 레이지 데이지 스티치를 비즈 1알로 고정시키기. 귀여운 공 같은 느낌으로

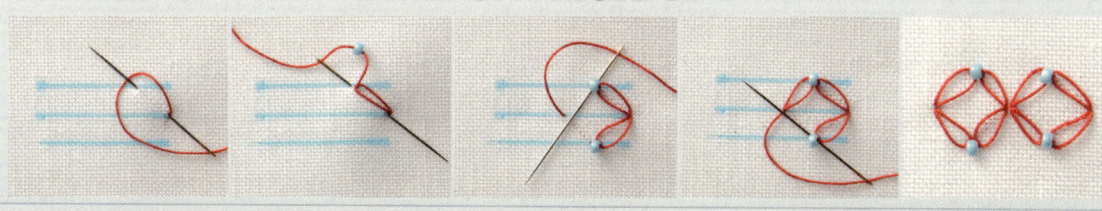

Chain Stitches
with Beads

42
stitch design

43
stitch design

44
stitch design

45
stitch design

46
stitch design

47
stitch design

48
stitch design

체인 스티치로 비즈 수놓기

BASIC LESSON | LESSON-1 | LESSON-2 | LESSON-3

42 체인 스티치를 한 다음 중심에 러닝 스티치로 비즈 수놓기

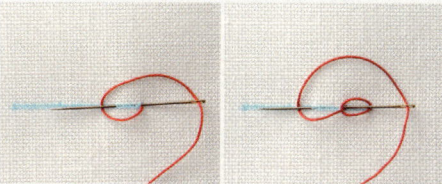 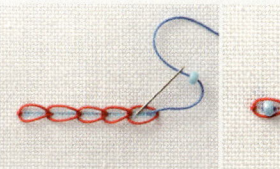 

> **Chain Stitch**
> 체인 스티치
>
> 작은 고리를 만들어 사슬처럼 연결하는 스티치. 가장 오래 전부터 전해오는 스티치로, 전 세계 앤티크 직물 등에서 찾아볼 수 있다.

43 케이블 체인 스티치에 비즈를 1알씩 꿰기

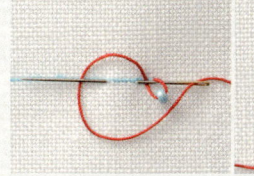 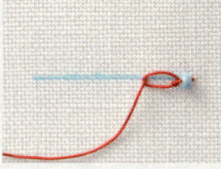 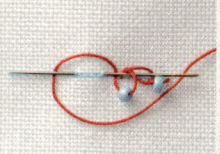 

44 지그재그로 수놓은 케이블 체인 스티치에 비즈를 1알씩 꿰기

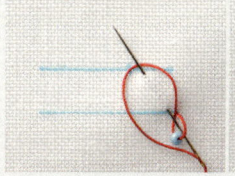 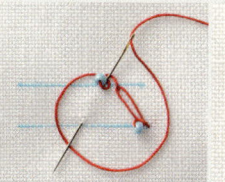 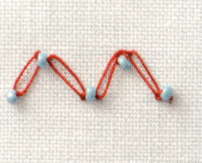

45 체인 페더 스티치를 비즈 2알로 고정시키기

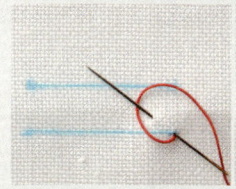 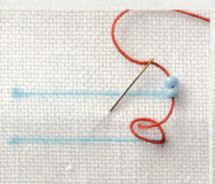 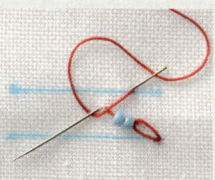 

48

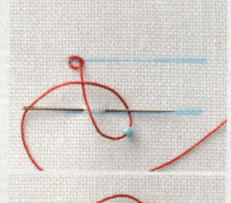

46 오픈 체인 스티치에 비즈 3알을 한 땀 걸러 꿰기

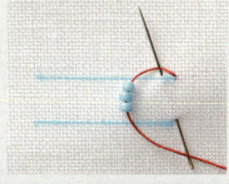 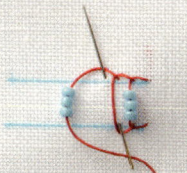 

47 오픈 체인 스티치 3줄을 비즈 1개로 모으기

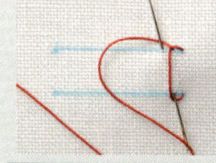 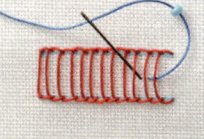 

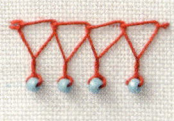

크레스티드 체인 스티치에 비즈 꿰기

Cross Stitches
with Beads

49
stitch design

50
stitch design

51
stitch design

52
stitch design

53
stitch design

54
stitch design

55
stitch design

크로스 스티치로 비즈 수놓기

49 기본 크로스 스티치 사이에 비즈를 1알씩 수놓기

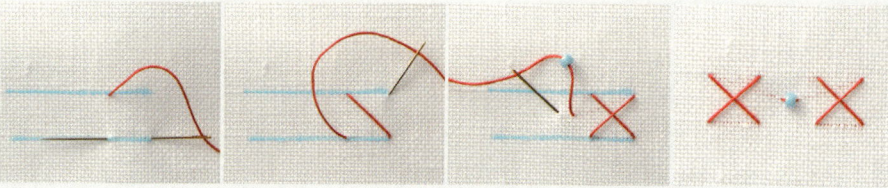

Cross Stitch
크로스 스티치

세계 각지에서 친숙한 스티치 중 하나. 기하학 무늬부터 풍경화까지 폭넓은 표현이 가능하다. x의 위쪽으로 오는 실을 항상 같은 방향으로 수놓는 것이 포인트.

50 기본 크로스 스티치의 중심에 비즈를 수놓고 스트레이트 스티치로 연결시키기

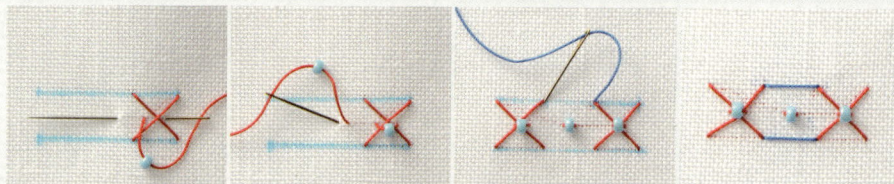

51 라이스 스티치(레이즈드 노트) 중심에 비즈 수놓기

55

52 스타 필링의 중심에 비즈를 수놓고 러닝 스티치에 비즈를 꿰어 연결한다

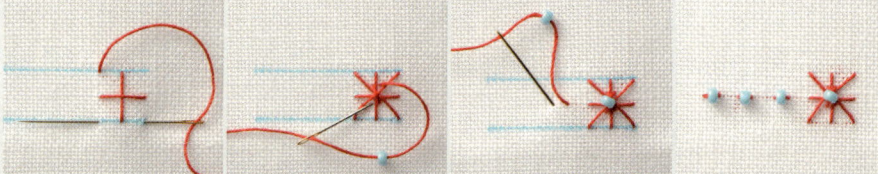

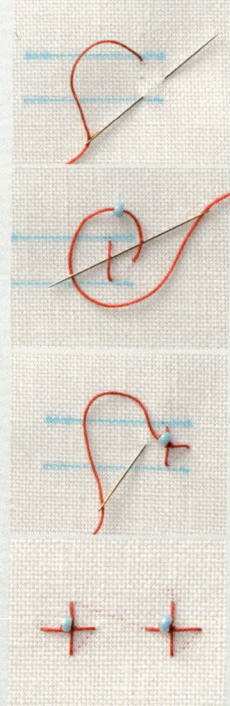

53 중심에 비즈를 수놓은 크로스 스티치의 조합

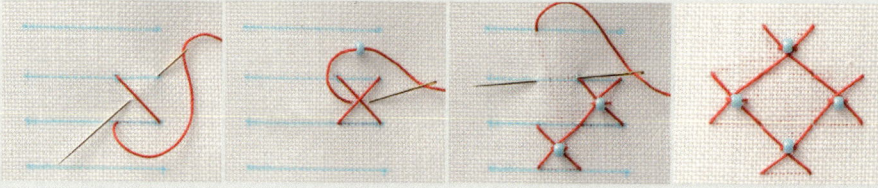

중심에서 실을 얽어 맨 십자의 크로스에 비즈 1알을 꿰기

54 비즈를 2알씩 꿰서 크로스로 수놓고, 꽃을 만든다

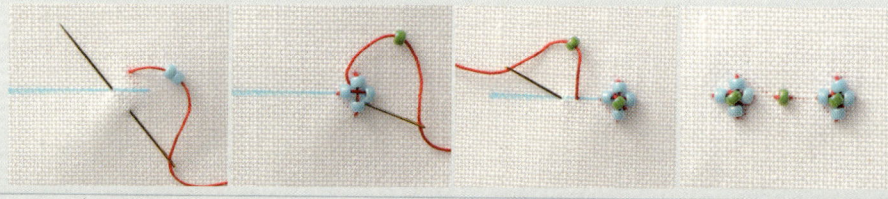

Cross Stitches with Beads (49~55)

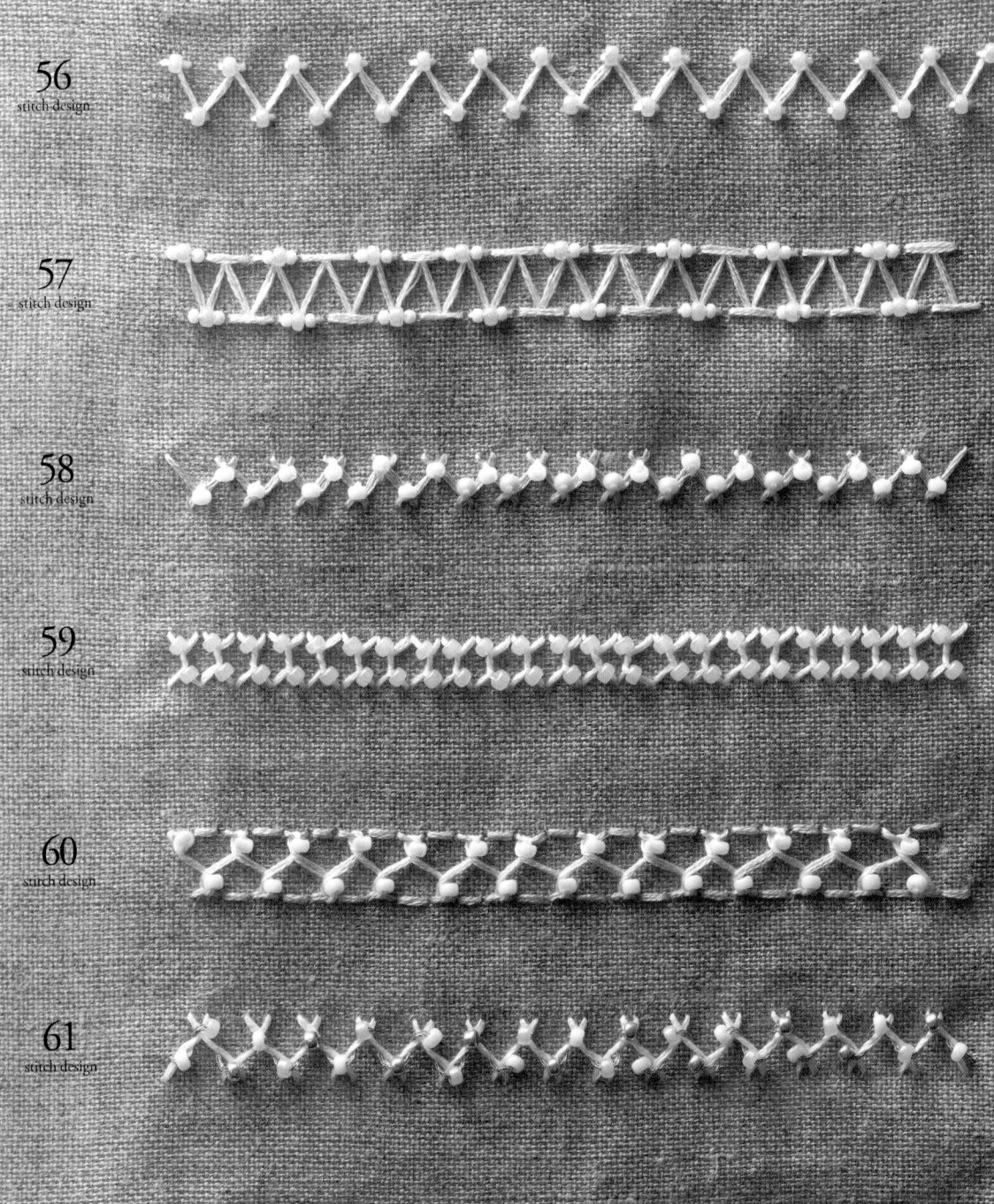

56
stitch design

57
stitch design

58
stitch design

59
stitch design

60
stitch design

61
stitch design

62
stitch design

셰브런 & 헤링본 스티치로 비즈 수놓기

BASIC LESSON ‖ LESSON·1 ‖ LESSON·2 ‖ LESSON·3

Chevron Stitch
셰브런 스티치

지그재그로 백 스티치를 하면서, 왼쪽에서 오른쪽으로 진행하는 스티치.
초크펜 등으로 평행선을 그린 뒤 수를 놓으면 깔끔하게 완성된다

Herringbone Stitch
헤링본 스티치

'2개의 정강이 뼈' 같은 지그재그를 교차시켜 그리는 보더 스티치. 다른 실을 얽는 방법에 따라서, 응용이 풍부한 스티치이다. 손바느질에서는 새발뜨기라고 한다.

56 셰브런 스티치에 비즈를 1알씩 꿰기

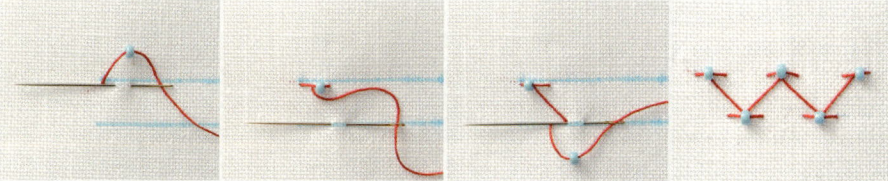

57 셰브런 스티치에 비즈를 3알씩 꿰기

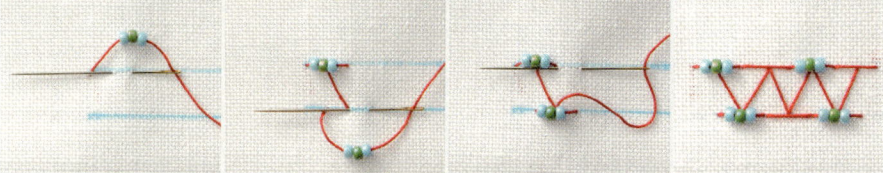

59 비꼰 헤링본 스티치에 비즈를 1알씩 꿰기

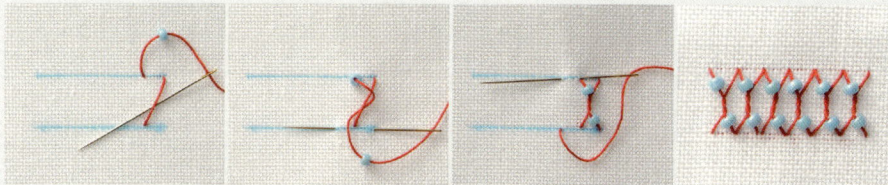

58

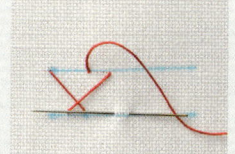

60 백 스티치에 비즈를 1알씩 꿰어 다른 실로 얽어가며 수놓기 〈헤링본 래더 필링 스티치〉

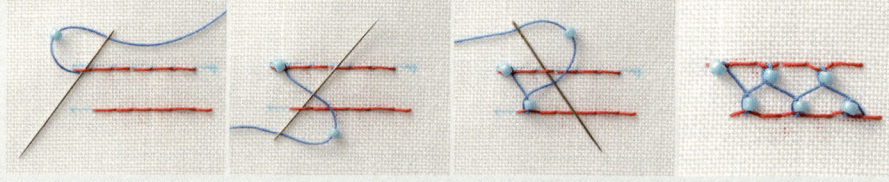

61 헤링본 스티치에 비즈를 꿰어 놓은 실로 얽어가며 수놓기 〈스레디드 헤링본 스티치〉

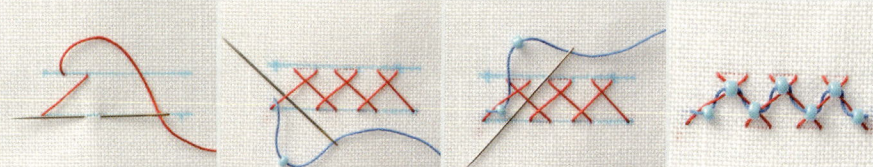

62 더블 헤링본 스티치에 비즈를 꿰어 놓은 실로 얽어가며 수놓기 〈트위스티드 래티스 밴드〉

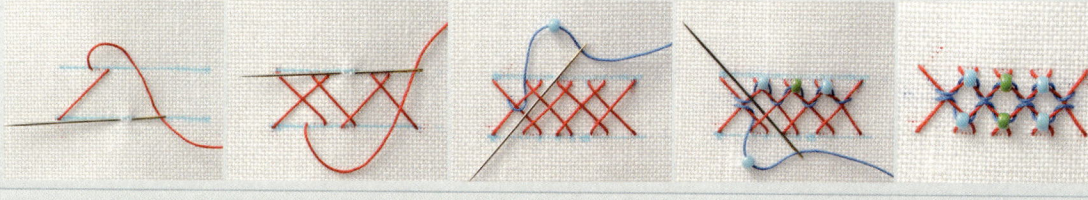

헤링본 스티치의 교차 부분에 비즈 1알 수놓기

Fern/Fly Stitches
with Beads

63
stitch design

64
stitch design

65
stitch design

66
stitch design

67
stitch design

68
stitch design

69
stitch design

펀 / 플라이 스티치로 비즈 수놓기

63 기본 펀 스티치의 중심에 비즈를 1알씩 꿰기

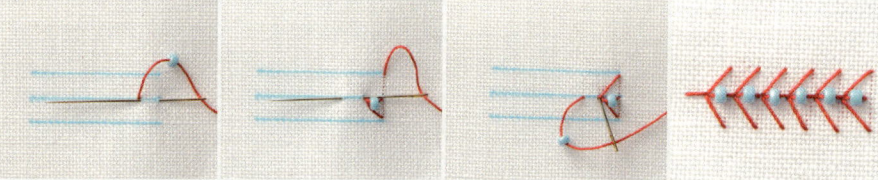

Fern Stitch
펀 스티치

'고사리' 잎처럼 크게 가지가 갈라지게 하는 스티치. 평행선을 3줄 그리면 균형 있게 수를 놓을 수 있다. 비즈를 넣는 위치에 따라 다양한 모티프가 만들어진다.

64 펀 스티치에 비즈를 꿰서 꽃 모양의 보더 무늬로

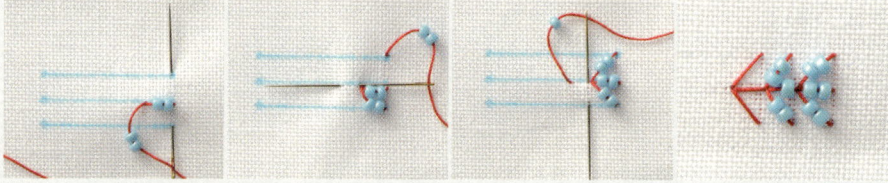

Fly Stitch
플라이 스티치

종횡으로 연결해 보더 무늬를 만들거나 바늘땀의 길이를 변화시켜 겹쳐지게 한다. 초보자도 간단하게 응용해볼 수 있다. 연결해서 수놓으면 페더 스티치로도.

65 비즈를 늘려가며 플라이 스티치를 수놓아 트리 모양으로 완성한다

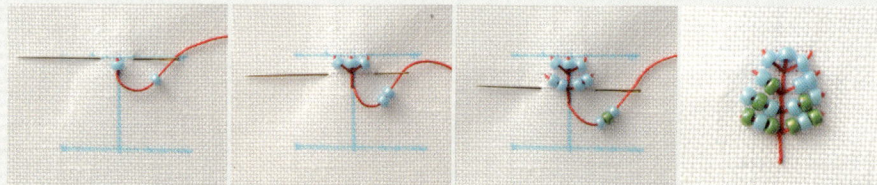

67 상하 대칭으로 수놓은 플라이 스티치를 비즈 2알로 고정시키고 중심에는 악센트를 준다

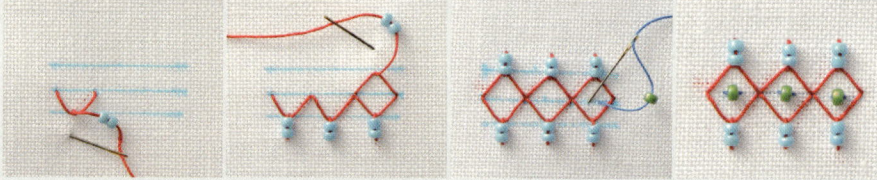

66

68 비즈를 꿰어 넣으면서 크고 작은 플라이 스티치를 서로 마주보게 수놓는다 〈리버스트 플라이 스티치〉

69 알 비즈를 좌우 대칭으로 나누고 긴 바늘땀으로 고정시킨다 〈소뿔 스티치〉

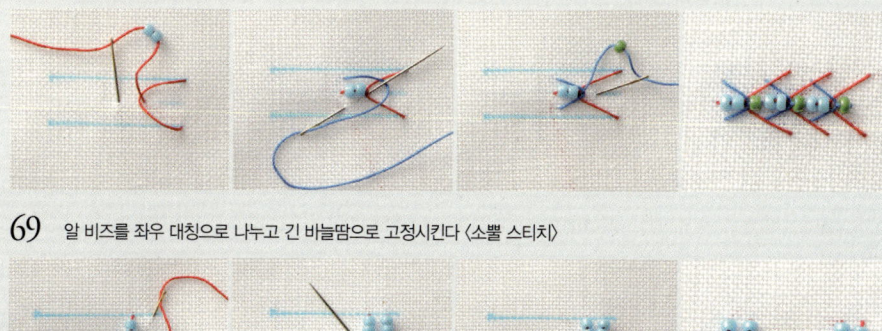

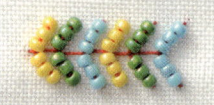

기본 플라이 스티치에 비즈 꿰기

BASIC LESSON | LESSON-1 | LESSON-2 | LESSON-3

Couching Stitches
with Beads

70
stitch design

71
stitch design

72
stitch design

73
stitch design

74
stitch design

75
stitch design

76
stitch design

카우칭 스티치로 비즈 수놓기

BASIC LESSON ‖ LESSON-1 ‖ LESSON-2 ‖ LESSON-3 ‖

70 기본 카우칭 스티치의 심지에 비즈 꿰기

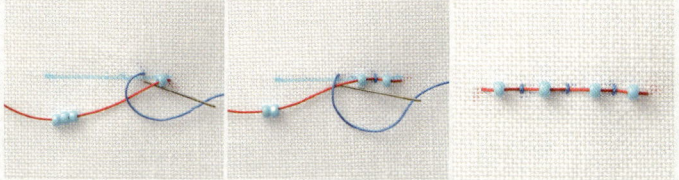

71 비즈를 꿰어 놓은 실을 크로스 스티치로 고정시키기

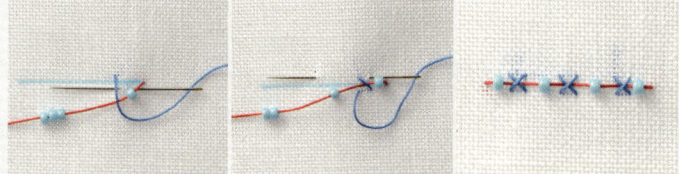

73 막대 비즈를 꿰어 놓은 실을 지그재그로 해서 비즈로 고정시키기

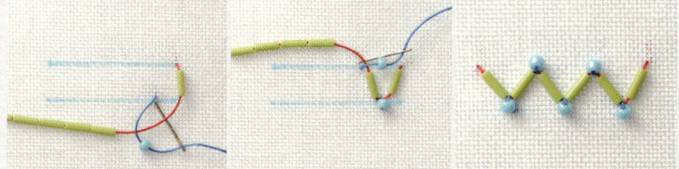

74 환대 비즈를 꿰어 놓은 실을 레이지 데이지 스티치로 고정시키기

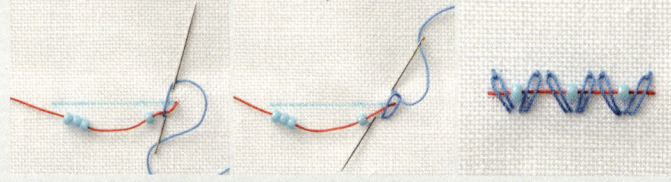

75 환대 비즈를 꿰어 놓은 실을 환소 비즈로 고정시키기

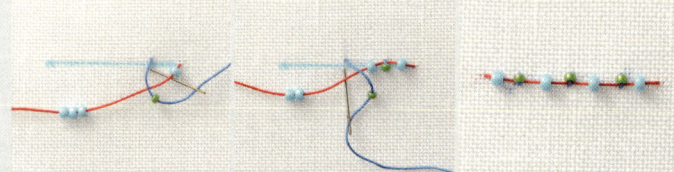

76 자수실을 심지로 해서 4알의 비즈를 지그재그로 고정시키기 〈팬시 카우칭 스티치〉

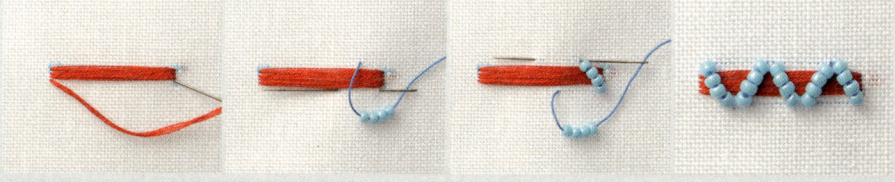

72

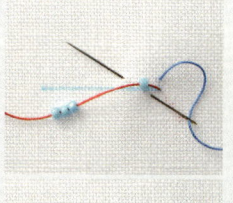

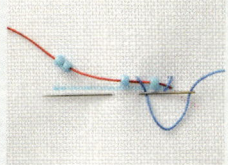

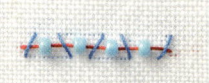

실에 꿰어 놓은 비즈 사이를 지그재그로 고정시켜 유쾌하게 표현하기

Couching Stitch
카우칭 스티치

불어 'coucher(눕히다)' 에서 유래. 천에 놓인 실로 선을 그리고 탄력 있는 실로 고정시킨다. 올이 가는 천에도 두꺼운 실이나 금실을 사용할 수 있다.

Open Cretan Stitches
with Beads

77
stitch design

78
stitch design

79
stitch design

80
stitch design

81
stitch design

82
stitch design

83
stitch design

오픈 크레탄 스티치로 비즈 수놓기

78 오픈 크레탄 스티치에 비즈를 2알씩 꿰기

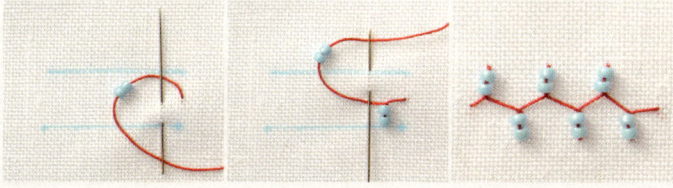

79 오픈 크레탄 스티치 사이에 막대 비즈 수놓기

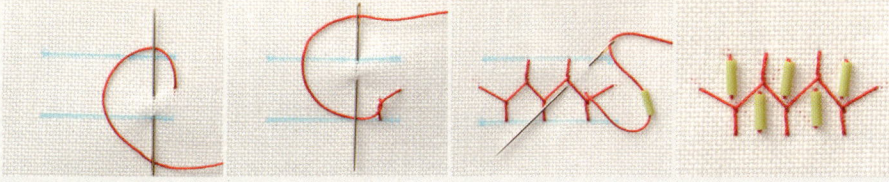

80 오픈 크레탄 스티치 사이에 비즈를 1알씩 수놓기

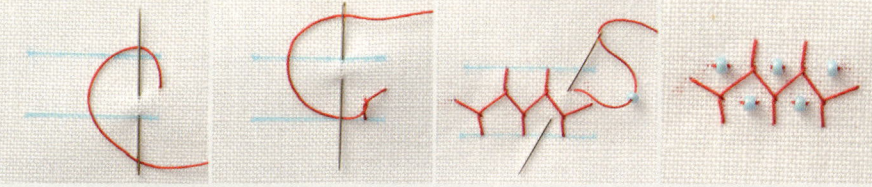

81 오픈 크레탄 스티치를 상하 대칭으로 수놓아 기하학 무늬로 완성

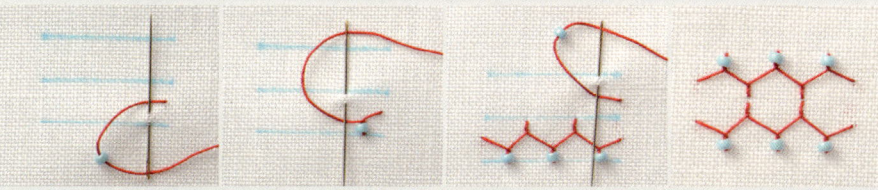

82 휘티어 스티치에 비즈를 2알씩 꿰기

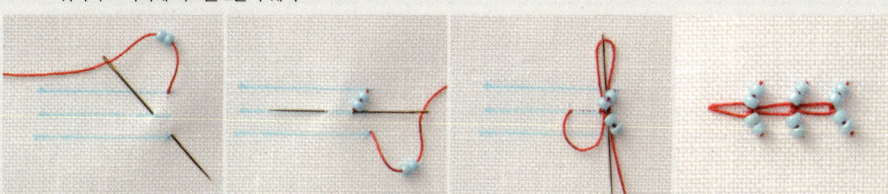

83 비즈를 꿰어 놓은 플라이 스티치를 레이지 데이지 스티치로 고정시키기 〈플라이 레이지 데이지 스티치〉

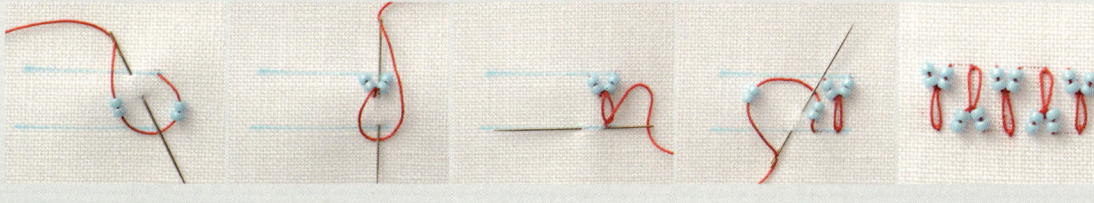

Open Cretan Stitch
오픈 크레탄 스티치

크레타 섬에서 의류나 리넨 장식에 많이 사용된 데서 크레탄 스티치라고 하는 이름이 유래되었다. 간격을 만들면서 수를 놓으면 오픈 크레탄 스티치가 된다.

77

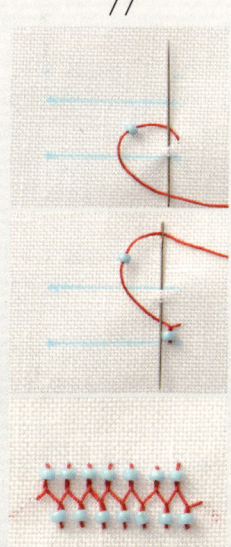

크레탄 스티치에 비즈를 1알씩 꿰기

BASIC LESSON | LESSON-1 | LESSON-2 | LESSON-3

Zigzag Stitches
with Beads

84
stitch design

85
stitch design

86
stitch design

87
stitch design

88
stitch design

89
stitch design

90
stitch design

지그재그 스티치로 비즈 수놓기

BASIC LESSON | LESSON-1 | LESSON-2 | LESSON-3

84 기본 지그재그 스티치를 하고, 환대 비즈와 막대 비즈 수놓기

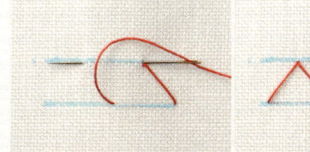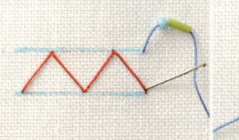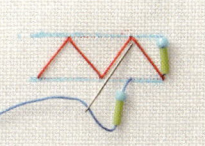

> **Zigzag Stitch**
> 지그재그 스티치
>
> 천을 뜨는 방식에 따라 스티치의 크기나 각도가 섬세하게 변해 다양하게 응용할 수 있다. 막대 비즈를 사용하면 전통적인 분위기로도.

86 지그재그 스티치를 상하 대칭으로 수놓고, 중앙에 환대 비즈 1알씩을

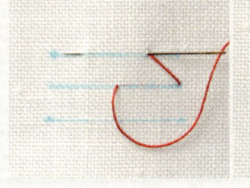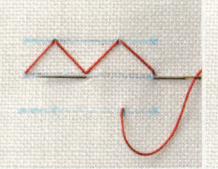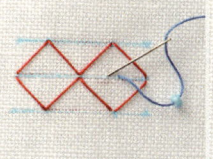

85

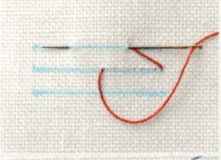

87 변형 지그재그 스티치를 2줄 수놓고, 중앙에 막대 비즈나 환대 비즈를 수놓는다

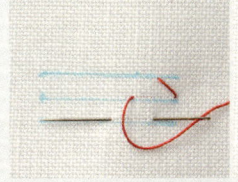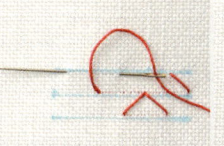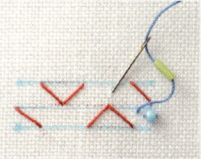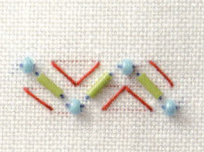

지그재그 스티치를 2줄 평행으로 수놓고, 중앙에 비즈 1알씩을

88 막대 비즈를 1개씩 페어 넣으면서 변형 지그재그 스티치를 겹놓듯이 수놓기

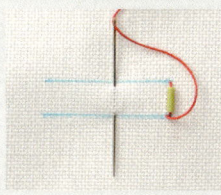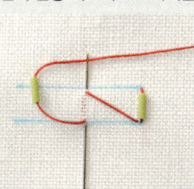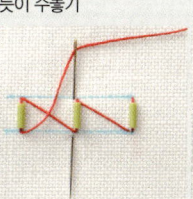

89 변형 지그재그 스티치에 비즈 4알씩을. 교차되는 중앙 부분을 한 땀 꿰매서 고정시킨다

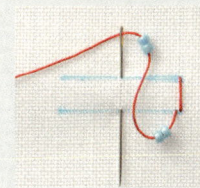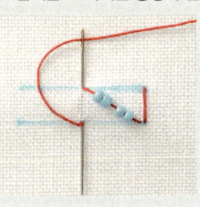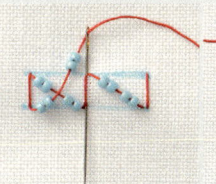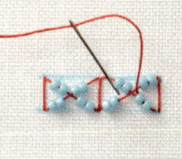

90 화살표 모양의 변형 지그재그 스티치에 비즈 2알씩을 〈애로우 스티치〉

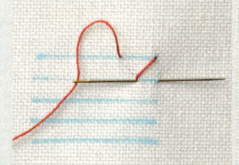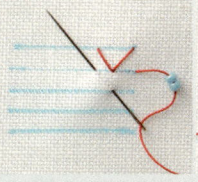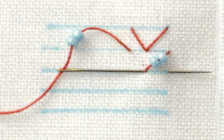

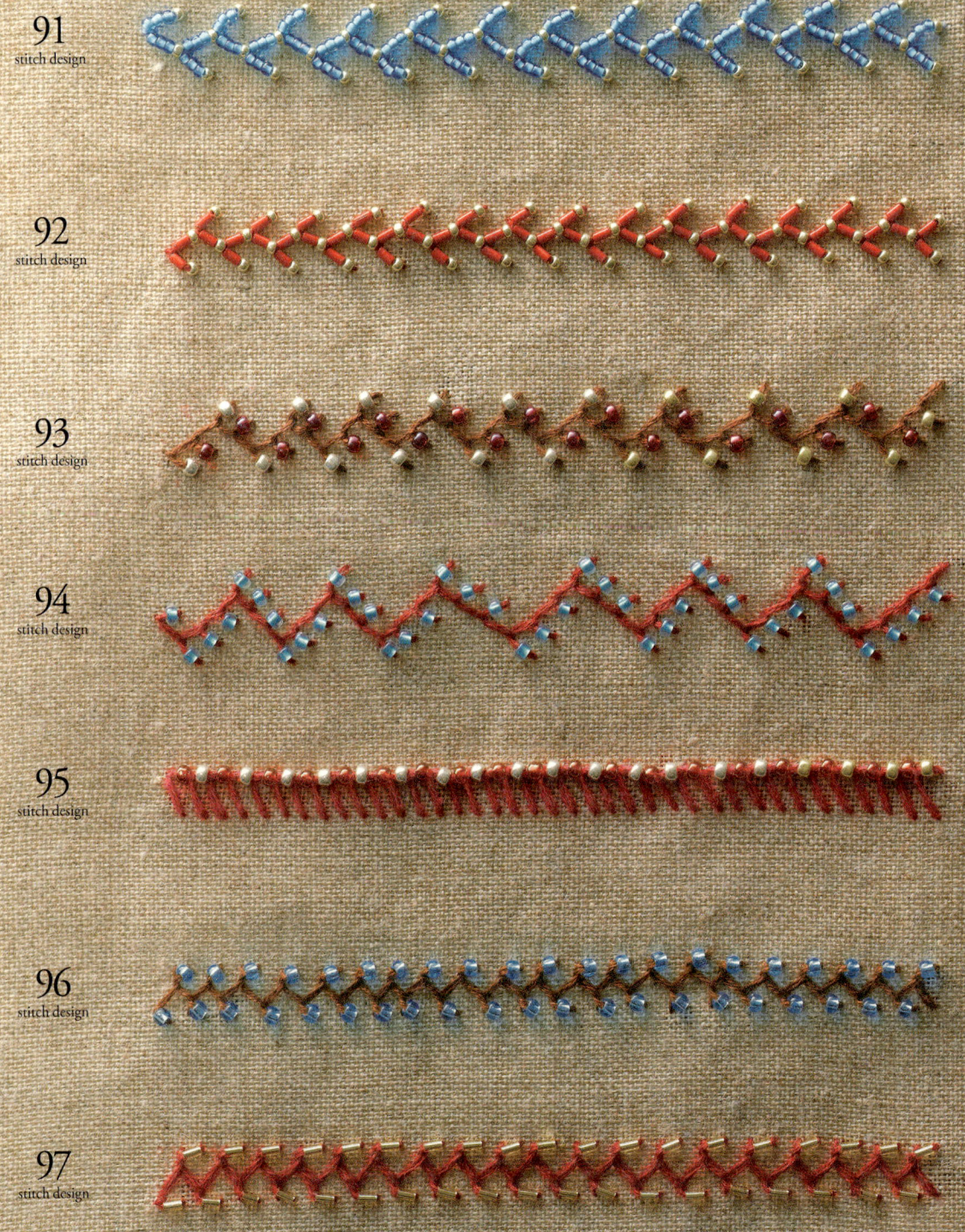

91
stitch design

92
stitch design

93
stitch design

94
stitch design

95
stitch design

96
stitch design

97
stitch design

페더 스티치로 비즈 수놓기

91 페더 스티치에 비즈 8알 꿰기. 고정시키는 스티치로 비즈를 나눈다

92 페더 스티치에 환대 비즈와 막대 비즈를 꿰서 산호 같은 느낌으로

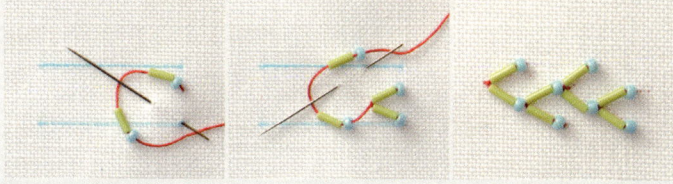

93 더블 페더 스티치에 비즈를 1알씩 꿰기. 작은 구즈베리 열매 같은 스티치로 수놓기

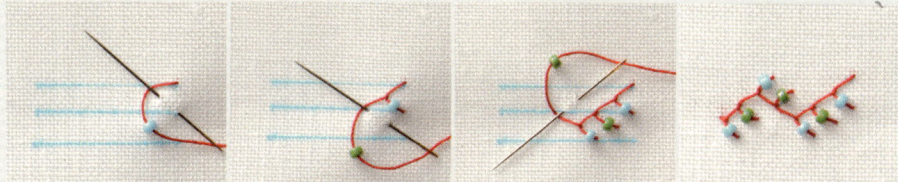

94 더블 페더 스티치에 비즈를 1알씩 꿰고, 스티치 수를 늘려 폭넓게 표현한다

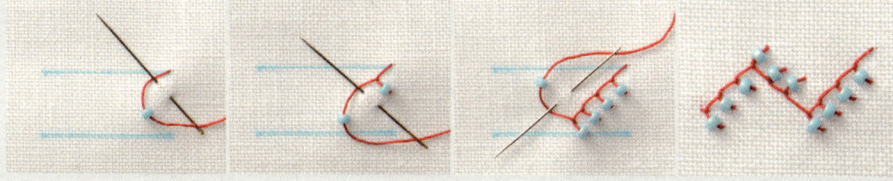

95 싱글 페더 스티치에 비즈를 1알씩 꿰고, 한쪽을 길게 늘려준 스티치

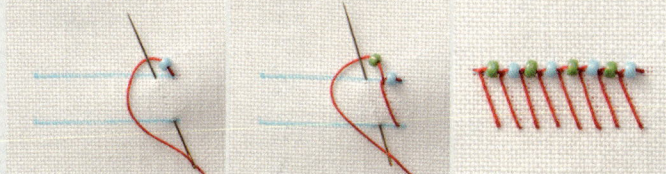

96 변형 페더 스티치에 비즈 1알씩을

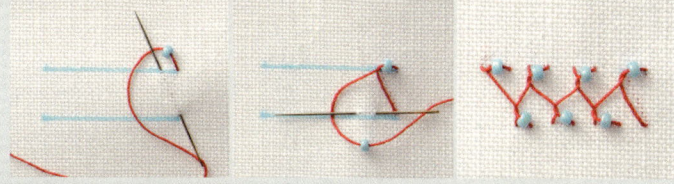

97

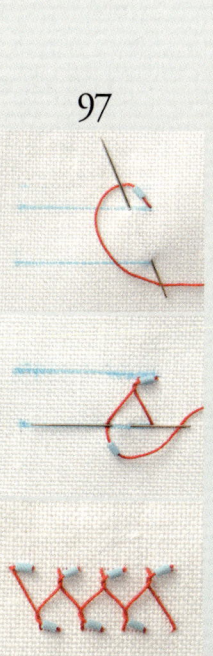

변형 페더 스티치에
막대 비즈 1알씩을

BASIC LESSON | LESSON-1 | LESSON-2 | LESSON-3

Lace Motif with Beads
Edging Stitches with Beads
Filling Stitches with Beads
One Point Motif with Beads

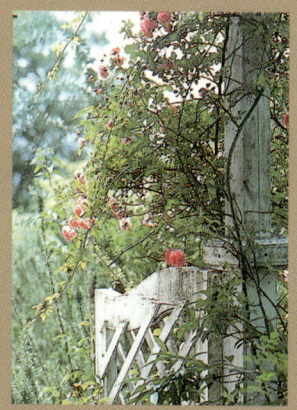

LESSON-3

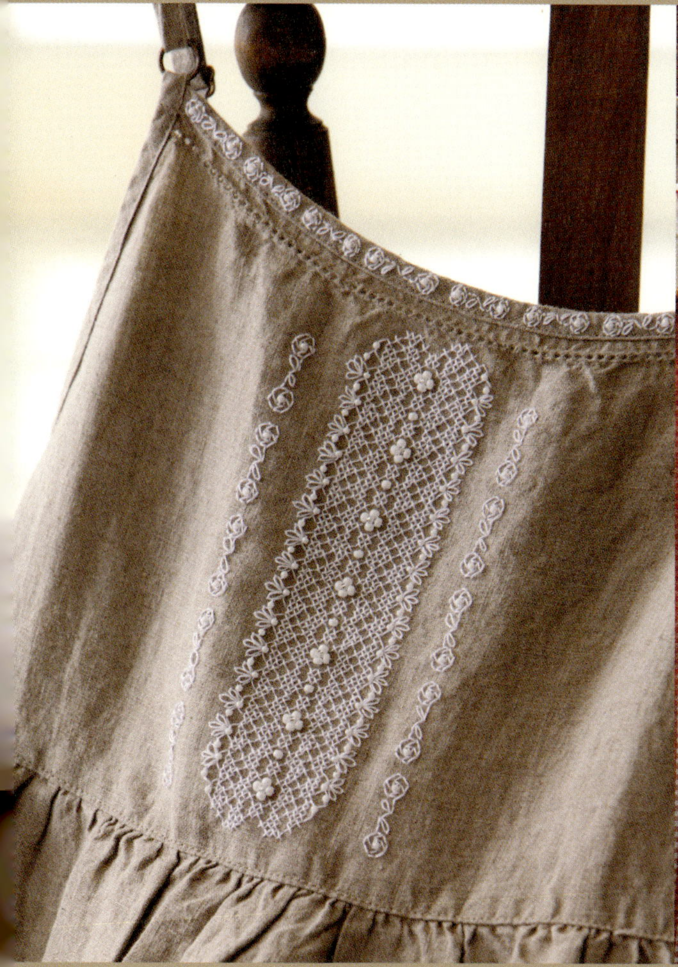

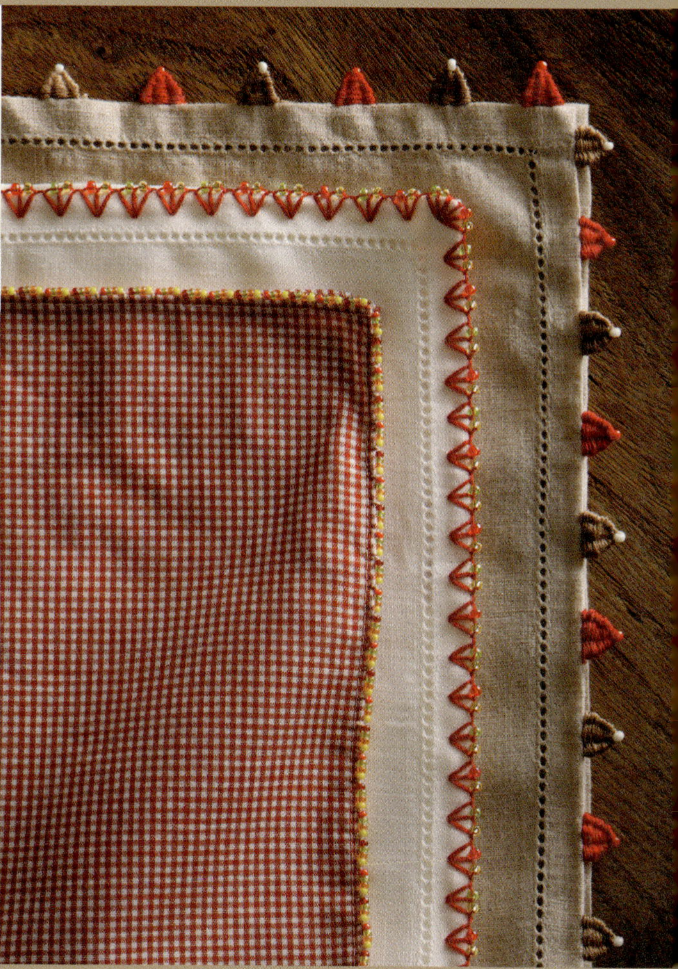

왼쪽 페이지 우산: 〈stitch design 111의 응용〉 DMC 25번 838(다갈색 • 2가닥), 3790(베이지) / 환대 비즈 22(금색), 환소 비즈 401(흰색), 22(금색) ※실은 모두 2가닥

리넨 원피스: 〈stitch design 111의 응용〉 DMC 12번 B5200(흰색) / 환대 비즈 401(흰색), 환소 비즈 401(흰색), 21(은색), 〈stitch design 110〉 DMC 12번 B5200(흰색) / 환소 비즈 401(흰색)

손수건: 체크 〈stitch design 116〉 DMC 25번 842(베이지 • 3가닥) / 환소 비즈 105(황록색), 174(오렌지색), 332(적보라색), 402(금색), 125(붉은색), 흰색 리넨 〈stitch design 112〉 DMC 25번 304(붉은색 • 3가닥) / 환대 비즈 22(금색), 105(황록색), 165(붉은색), 리넨 〈stitch design 118〉 DMC 25번 304(붉은색 • 4가닥), 840(베이지 • 4가닥) / 환대 비즈 122(밀크색), 125(붉은색)

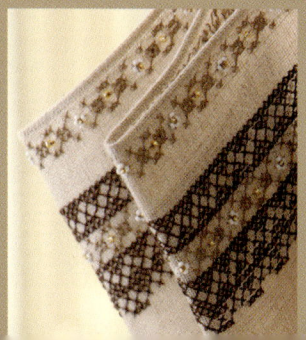

98
stitch design

99
stitch design

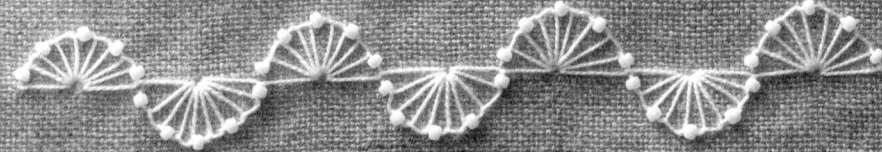

100
stitch design

101
stitch design

102
stitch design

103
stitch design

104
stitch design

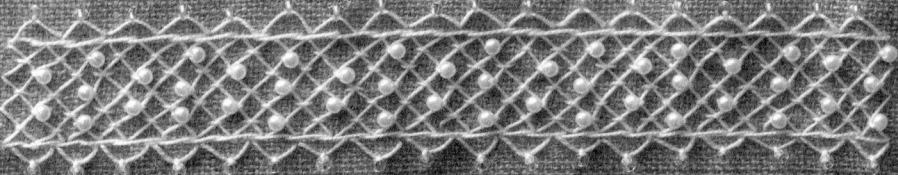

흰색 실의 레이스 무늬로 비즈 수놓기

BASIC LESSON ‖ LESSON-1 ‖ LESSON-2 ‖ LESSON-3

98 스타 필링 스티치에 비즈로 된 스캘럽 붙이기

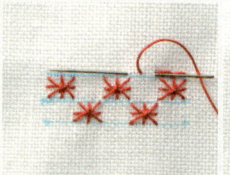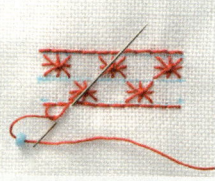

Lace Motif
레이스 무늬

복수의 스티치를 조화시킨 청초한 레이스 무늬는, 한 개씩 간단한 스티치를 보태거나 실을 얽어매는 것으로 섬세하고도 복잡하게 완성할 수 있다.

99 한 땀 걸러 비즈를 곁들인 버튼홀 스티치 부채

101 기본 스티치에 실을 얽어서 리본처럼 수놓은 레이스 무늬 〈기로슈 스티치〉

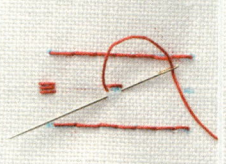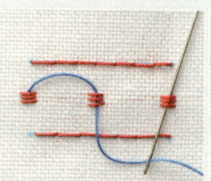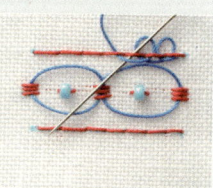

102 스타 필링 스티치를 이어서 별자리처럼 〈팬시 헤링본 스티치〉

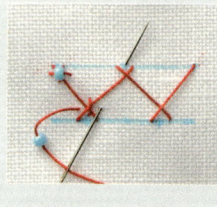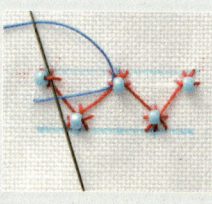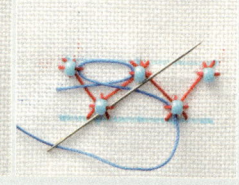

100

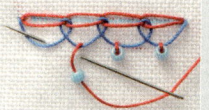

103 비즈를 꿰어 놓은 로제트 체인 스티치와 레이지 데이지 스티치로 티롤리안 테이프 풍을

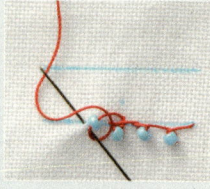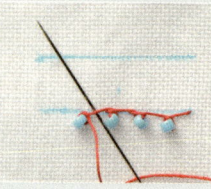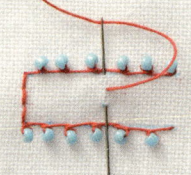

104 카우치트 트렐리스 스티치에 비즈 꽃을 활짝 피워보자

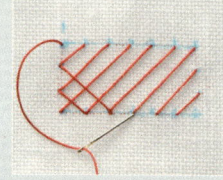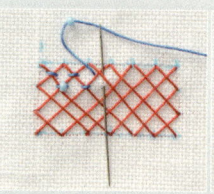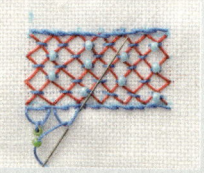

체인 스티치 양쪽에 실을 얽어서 비즈로 고정시킨다 〈인터레이스 체인 스티치〉

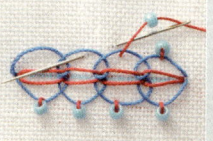

105
stitch design

106
stitch design

107
stitch design

108
stitch design

109
stitch design

110
stitch design

111
stitch design

흰색 실의 레이스 무늬로 비즈 수놓기

105 지그재그 스티치를 가이드로, 좁고 긴 레이지 데이지 스티치 수놓기

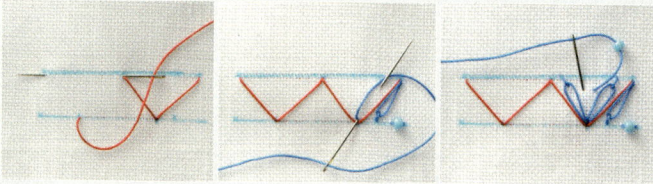

Lace Motif
레이스 무늬

비즈를 추가시키는 것으로, 평면적인 스티치에 입체감이나 리듬감이 더해진다. 컬러풀하게 만들거나 다시 스티치를 추가하거나 해서 다양하게 응용해보자.

106 레이지 데이지와 막대 비즈로 수놓은 꽃무늬 보더. 크레스티드 체인 스티치의 스캘럽으로 마무리한다

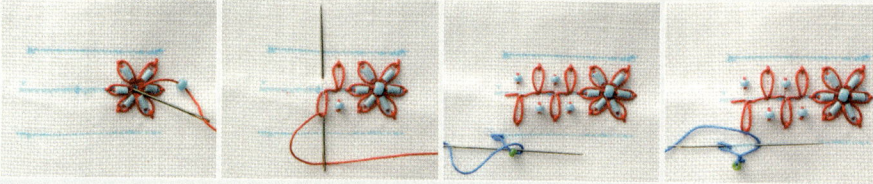

107 몰테스 스티치의 고리를 플라이 스티치와 비즈로 고정시킨다

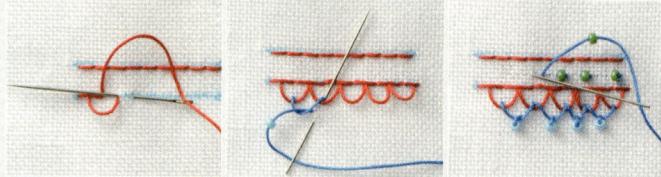

108 방사 모양으로 수놓은 레이지 데이지 스티치로 수련 같은 화사함을

111

109 트위스티드 지그재그 체인 스티치와 비즈로 수놓은 꽃으로 입체적이고 볼륨 있는 레이스 무늬를

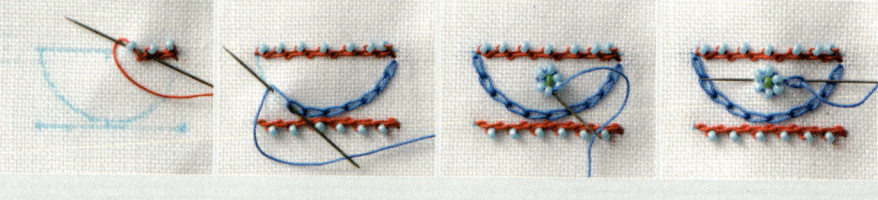

110 백 스티치로 규칙적으로 수놓은 상징적인 장미 보더

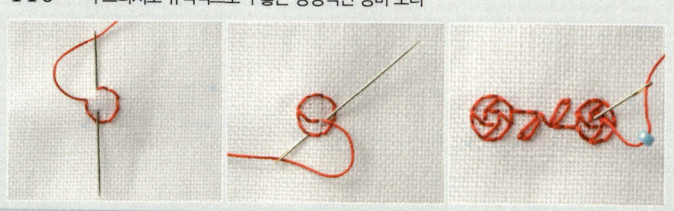

크로스 스티치의 폭넓은 레이스에 비즈와 레이지 데이지 스티치 프린지로 리드미컬하게

Lace Motif with Beads (105~111)

LESSON-3
Edging Stitches
with Beads

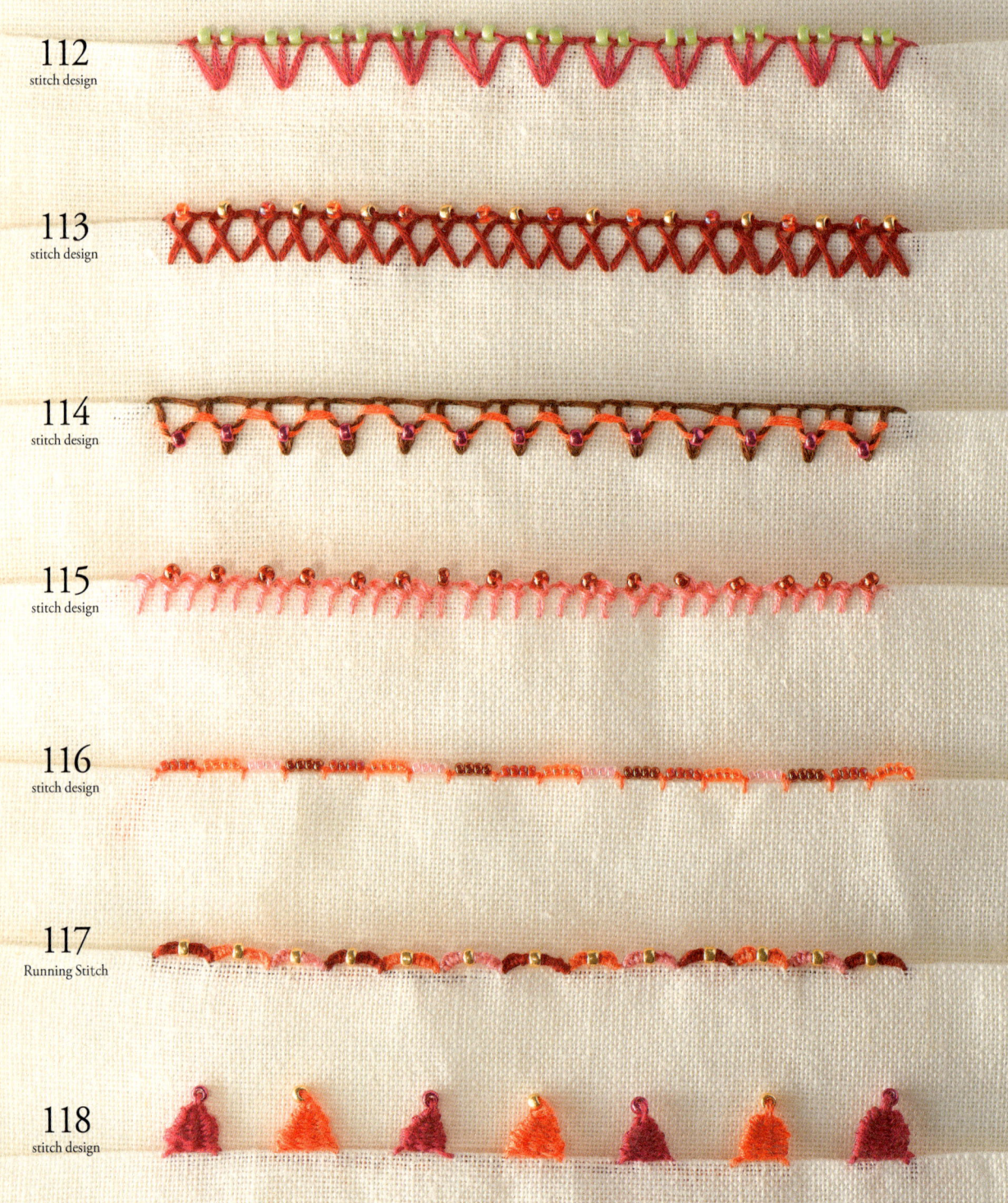

112 stitch design

113 stitch design

114 stitch design

115 stitch design

116 stitch design

117 Running Stitch

118 stitch design

테두리 장식 스티치로 비즈 수놓기

BASIC LESSON‖ LESSON-1 ‖ LESSON-2 ‖ LESSON-3

Edging Stitch
테두리 장식

소맷부리나 밑단에 수놓으면, 하나밖에 없는 아이템으로 변신한다. 실과 비즈의 조합은 무한대. 손수건이나 백 등 소품에 장식해도 멋지다.

113 크로스 버튼홀 스티치에 비즈를 꿰고

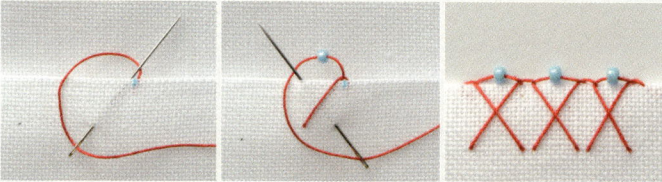

114 클로즈드 버튼홀 스티치에 비즈를 꿰어 넣은 실을 얽어서

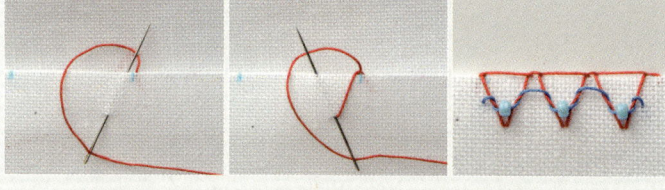

115 버튼홀 체인 에징 스티치에 비즈 1알을 꿰고

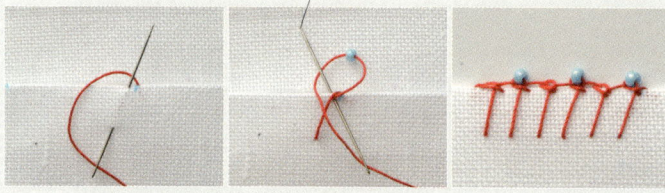

116 아르메니안 에징 스티치에 비즈를 4알씩 꿰기

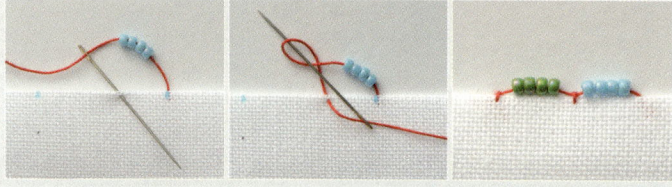

112

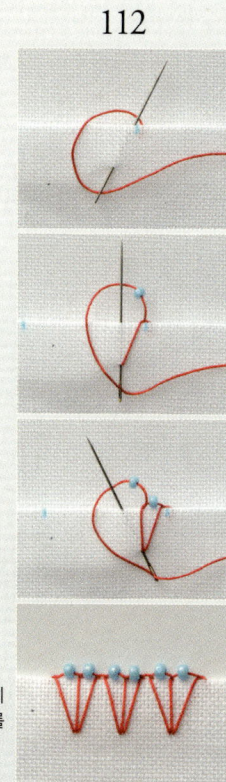

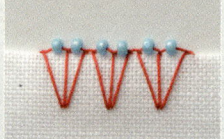

클로즈드 버튼홀 스티치의 변형으로, 비즈를 꿰서 테두리를 강조

117 왕복한 실을 심지로 해서 버튼홀 스티치. 비즈 1알의 피콧이 귀여운 악센트로

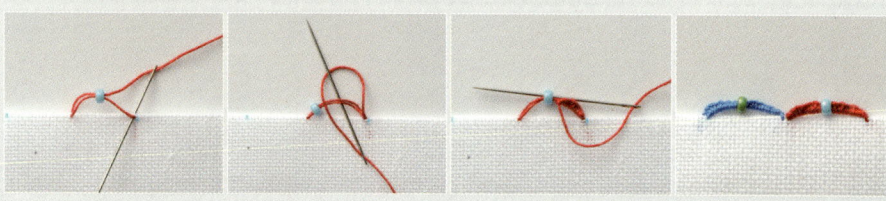

118 심지실인 고리를 세로 실로 해서, 얽듯이 완성하는 입체적인 가슴 피코. 맨 처음 3~4회 실을 조이듯이 당기면, 뾰족한 삼각형으로.

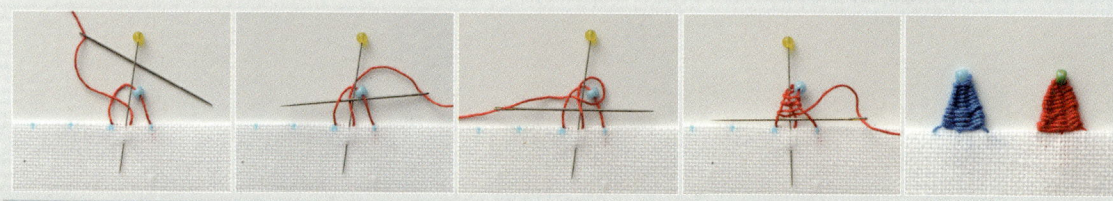

Edging Stitches with Beads (112~118)

Filling Stitches
with Beads

119
stitch design
버튼홀 필링

120
stitch design
오픈 버튼홀
필링

121
stitch design
노티드 버튼홀
필링

122
stitch design
실론 스티치

123
stitch design
레이스 필링

124
stitch design
팬시 버튼홀
필링

필링 스티치로 비즈 수놓기

BASIC LESSON ‖ LESSON·1 ‖ LESSON·2 ‖ LESSON·3

Filling Stitch
필링 스티치

면을 메워나가는 스티치. 실만 떠서 얽어가는 스티치가 중심으로 니트 같은 질감을 느낄 수 있다. 포인트 비즈로 다양한 변화를 준다.

티셔츠: 〈stitch design 120〉 마사(라미), 손바늘 실 중세(내추럴) / 마가타마 비즈 5mm M248(파란색), 마가타마 비즈 4mm M07(녹색), M01(투명), 환대 비즈 23(물색), 21(은색)

120 백 스티치를 하는 요령으로 고리를 만들고, 비즈를 꿰어 넣으면서 실만 떠서 얽어나간다.

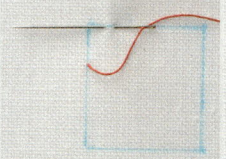  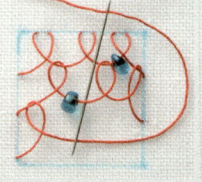 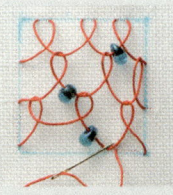 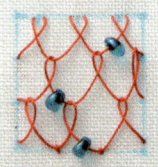

One Point Motif
with Beads

125
stitch design

126
stitch design

127
stitch design

128
stitch design

129
stitch design

130
stitch design

비즈나 스팽글이 한결 돋보이는 원 포인트 모티프

BASIC LESSON | LESSON-1 | LESSON-2 | LESSON-3

One Point Motif
원 포인트 모티프

같은 모티프라도 실이나 비즈의 배합에 변화를 주는 것만으로 느낌이 확 달라진다. 모양이 깔끔하게 마무리되도록 초크펜 등으로 표시를 해놓고 수를 놓는다.

캐미솔: 〈stitch design 129〉 스팽글 육각형 5mm 502(녹색), 막대 비즈 6mm 27(녹색), 막대 비즈 3mm 27(녹색), 환소 비즈 557(금색) 〈stitch design 129〉 스팽글 육각형 5mm 504(파란색), 막대 비즈 6mm 23(파란색), 막대 비즈 3mm 23(파란색), 환소 비즈 557(금색) 〈stitch design 130〉 스팽글 육각형 5mm 502(녹색), 504(파란색), 막대 비즈 3mm 22(금색), 환소 비즈 557(금색) ※실은 모두 재봉실 60번(흰색 • 2가닥)

128 막대 비즈의 길이로 표정이 달라지는 레이지 데이지 스티치의 꽃 모티프

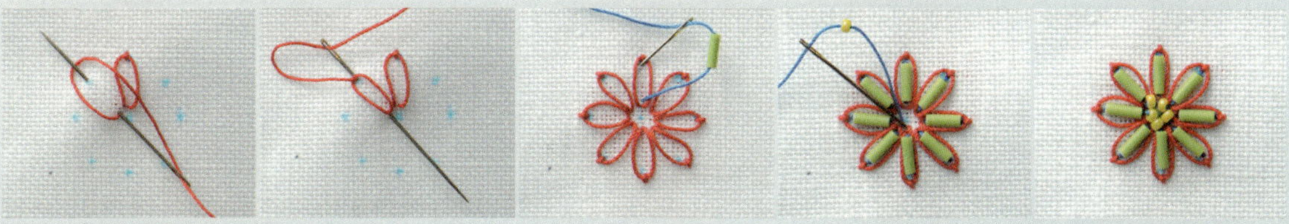

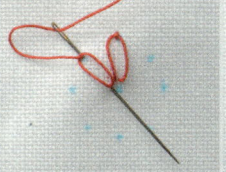   

LESSON-3
Alphabet A to Z
with Beads

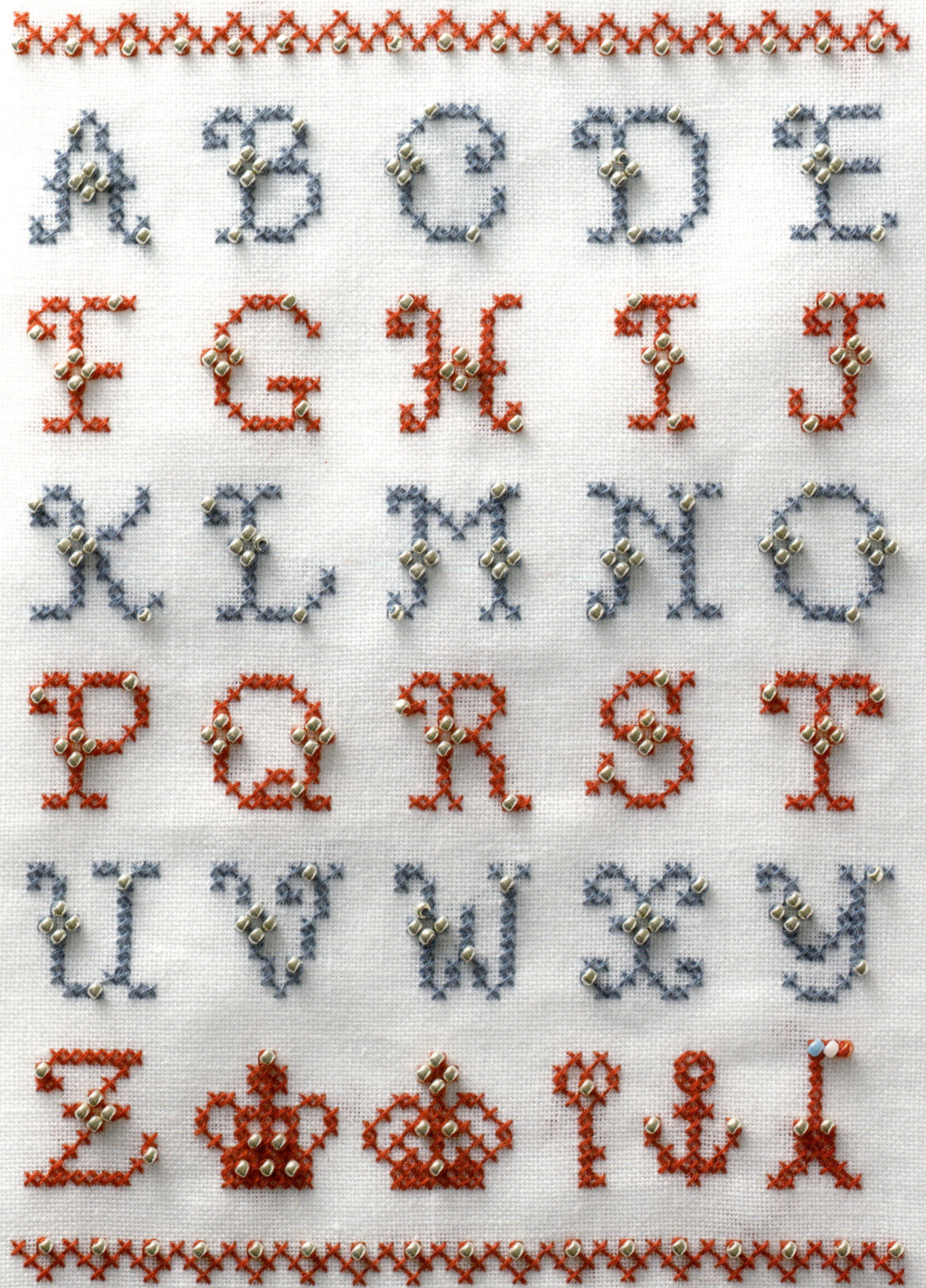

Alphabet A to Z with Beads
Nordic Motif with Beads

DESIGN CHART

스니커즈: DMC 25번 597(색스블루 · 4가닥) / 환대 비즈 23(물색), 21(은색) 스니커즈와 캔버스 배낭은, DMC 오리지널 알파벳 스탬프(p.9)를 사용해서 스티치했다. 비즈 위치는 p.66 참조.

캔버스 배낭: DMC 25번 517(파란색 · 4가닥) / 환대 비즈 401(흰색), 405(붉은색), 〈stitch design 1 · 5〉 DMC 25번 311(감색 · 4가닥) / 환대 비즈 401(흰색)

Nordic Motif
with Beads

	3838 (진마린블루)		322 (진색스블루)
	3839 (마린블루)		3755 (색스블루)
	3840 (연마린블루)		3841 (연색스블루)

★환대 비즈

⬤ 559 (백금)를 크로스 스티치 하면서 붙인다.(p.12 참조)

◯ 559 (백금)를 #60 재봉실(흰색·2가닥)로, 크로스 스티치 한 후에 붙인다.

Nordic Motif
북유럽 모티프

샘플러로 수놓거나 혹은 보더
나 원 포인트로 응용하기도 한
다. 차분한 파란색 톤에 백금
비즈로 화사함을 더했다.

알파벳 크로스 스티치 차트

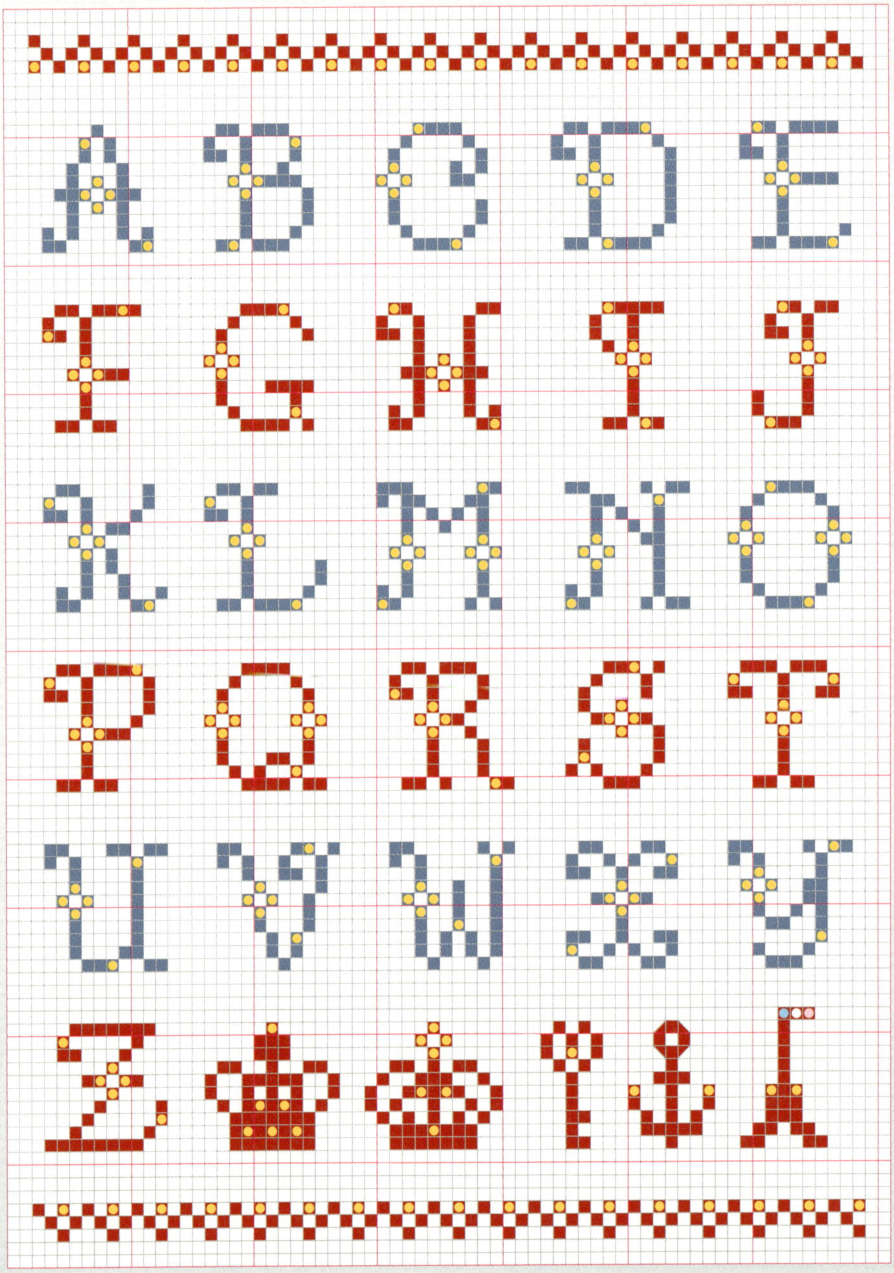

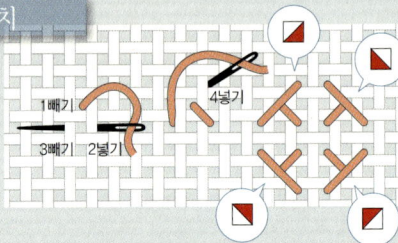

Alphabet

알파벳 A to Z

휘리릭 수놓을 수 있는 간단한 도안에 비즈를 더해 화사한 느낌으로. 실의 종류나 비즈의 색, 천의 올 간격에 변화를 주면서 다양한 아이템을 만들어 보자.

※크로스 스티치 자수 방법은 p.12~13 참조.

★25번 자수실(2가닥)

347 (붉은색) 931 (파란색)

★환대 비즈

크로스 스티치를 하면서 붙인다(p.12 참조)

559 (백금) 122 (흰색)

403 (물색) 405 (붉은색)

스리쿼터 스티치

스티치의 길이에 변화를 주어 모서리를 둥글릴 때처럼 좀 더 섬세한 표현이 가능하다.

1빼기
4넣기
3빼기
2넣기

How to Stitch with Beads

비즈가 귀여운 자수 스티치를 이해하기 쉽도록 일러스트로 소개해본다.
바늘과 실, 천, 그리고 마음에 드는 비즈가 준비됐다면, 바로 시작하자!
자수실의 종류와 가닥수, 비즈 사이즈의 적합성은 아래 표를 참조하도록 한다.
각 샘플러에 사용한 실이나 비즈는 표지 안쪽에 게재되어 있다.

바늘과 실 비즈의 조합

사용하는 실과 비즈에 적합한 바늘의 기준표이다. 물론 실이 비즈에 꿰지는 경우라면 현재 가지고 있는 것을 사용해도 상관없다.
기본적으로는 프랑스 자수바늘을 사용하고 있지만, 니트류나 티셔츠처럼 신축성이 있는 소재에는 바늘 끝이 둥근 타입을 권장한다.

바늘		실	비즈
프랑스 자수바늘	No.9	자수실 25번(2~3가닥)	환소 비즈 • 막대 비즈
	No.8	자수실 25번(3~4가닥) • 12번 • 8번	환소 비즈 • 막대 비즈
	No.7	자수실 25번(2~4가닥) • 8번 • 5번	환대 비즈
	No.6	자수실 25번(3~4가닥) • 5번 • 크루엘 울 • 마사	환대 비즈 • 마가타마 비즈
자수바늘 끝이 둥근 타입	0.53mm	자수실 25번(2가닥)	환소 비즈
	0.69mm	자수실 25번(2~4가닥) • 12번	환소 비즈
	0.84mm	자수실 25번(4가닥) • 12번 • 8번 • 5번	환대 비즈
크로스 스티치 바늘	No.23	자수실 25번(2~3가닥)	환대 비즈
	No.22	자수실 25번(3~4가닥)	환대 비즈
비즈 자수바늘 • 재봉 바늘		재봉실	환소 비즈 • 환대 비즈 • 스팽글

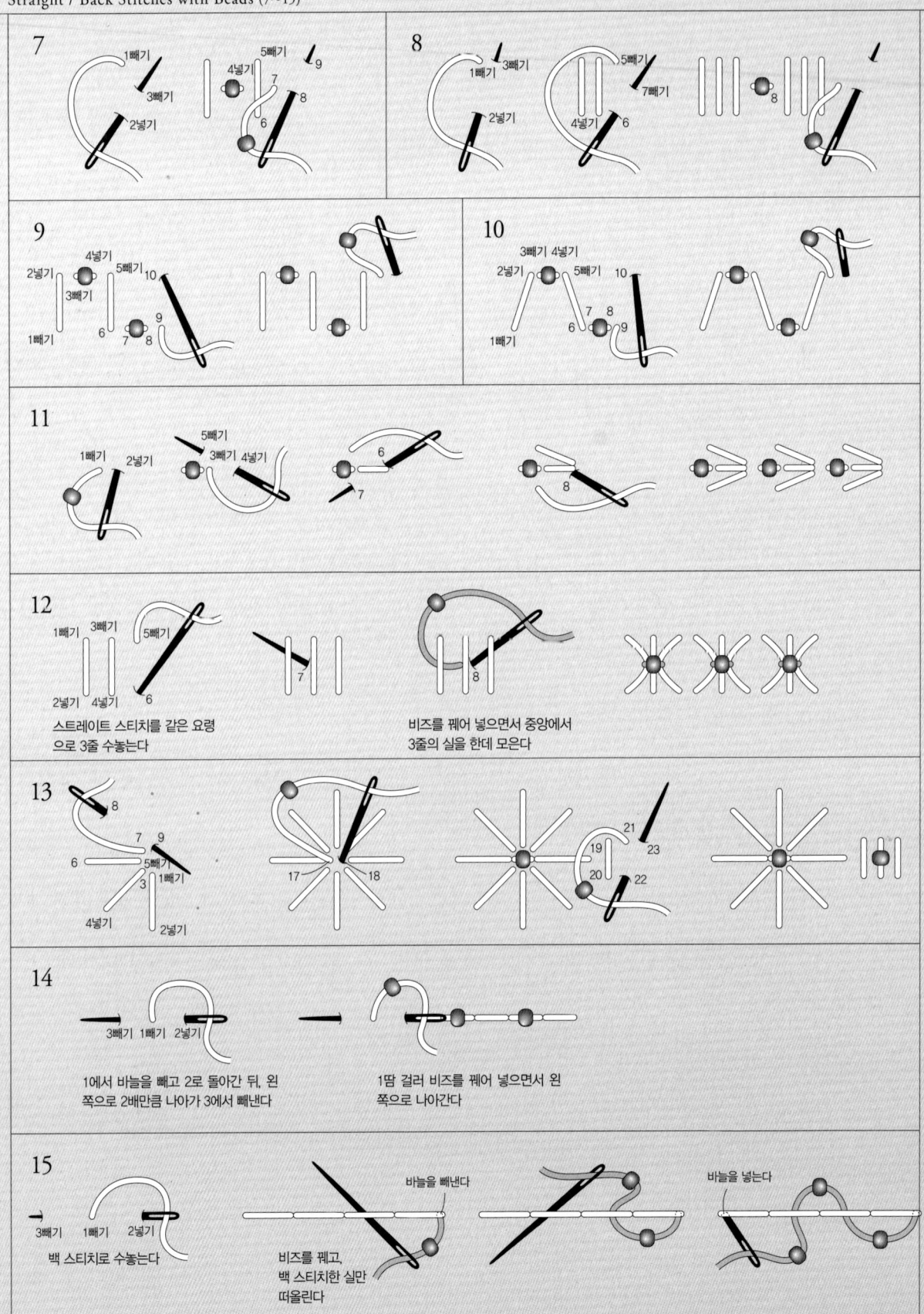

7

1빼기 · 3빼기 · 2넣기 · 4넣기 · 5빼기 · 9 · 7 · 6 · 8

8

1빼기 · 3빼기 · 2넣기 · 5빼기 · 7빼기 · 4넣기 · 6 · 8

9

2넣기 · 4넣기 · 5빼기 · 10 · 3빼기 · 1빼기 · 6 · 7 · 8 · 9

10

3빼기 · 4넣기 · 2넣기 · 5빼기 · 10 · 1빼기 · 6 · 7 · 8 · 9

11

1빼기 · 2넣기 · 5빼기 · 3빼기 · 4넣기 · 6 · 7 · 8

12

1빼기 · 3빼기 · 5빼기 · 2넣기 · 4넣기 · 6 · 7 · 8

스트레이트 스티치를 같은 요령
으로 3줄 수놓는다

비즈를 꿰어 넣으면서 중앙에서
3줄의 실을 한데 모은다

13

8 · 7 · 9 · 6 · 5빼기 · 1빼기 · 3 · 4넣기 · 2넣기 · 17 · 18 · 21 · 23 · 19 · 20 · 22

14

3빼기 · 1빼기 · 2넣기

1에서 바늘을 빼고 2로 돌아간 뒤, 왼
쪽으로 2배만큼 나아가 3에서 빼낸다

1땀 걸러 비즈를 꿰어 넣으면서 왼
쪽으로 나아간다

15

3빼기 · 1빼기 · 2넣기

백 스티치로 수놓는다

바늘을 빼낸다

비즈를 꿰고,
백 스티치한 실만
떠올린다

바늘을 넣는다

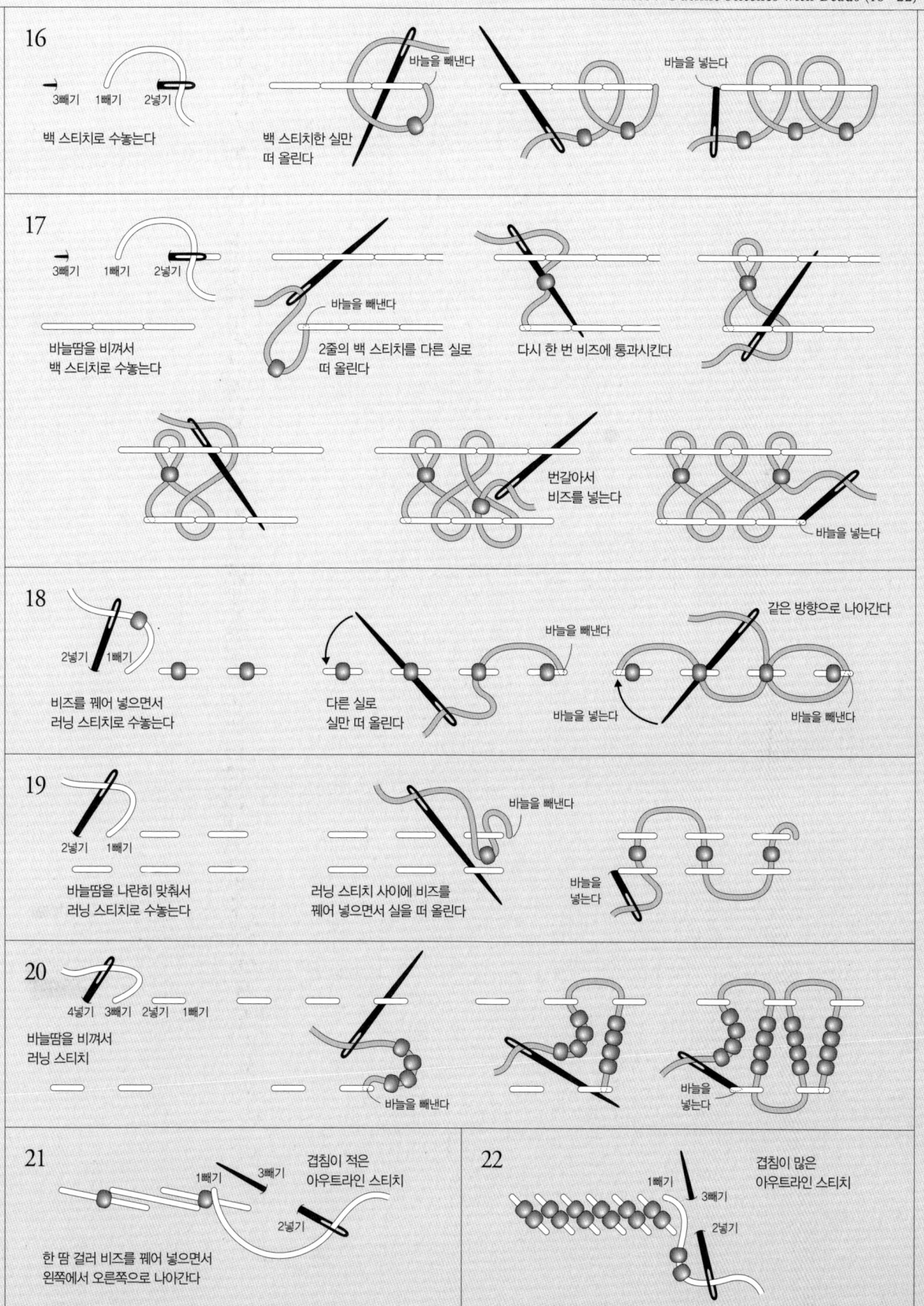

16

3빼기　1빼기　2넣기

백 스티치로 수놓는다

바늘을 빼낸다

백 스티치한 실만
떠 올린다

바늘을 넣는다

17

3빼기　1빼기　2넣기

바늘땀을 비껴서
백 스티치로 수놓는다

바늘을 빼낸다

2줄의 백 스티치를 다른 실로
떠 올린다

다시 한 번 비즈에 통과시킨다

번갈아서
비즈를 넣는다

바늘을 넣는다

18

2넣기　1빼기

비즈를 꿰어 넣으면서
러닝 스티치로 수놓는다

다른 실로
실만 떠 올린다

바늘을 빼낸다

바늘을 넣는다

바늘을 빼낸다

같은 방향으로 나아간다

19

2넣기　1빼기

바늘땀을 나란히 맞춰서
러닝 스티치로 수놓는다

바늘을 빼낸다

러닝 스티치 사이에 비즈를
꿰어 넣으면서 실을 떠 올린다

바늘을
넣는다

20

4넣기　3빼기　2넣기　1빼기

바늘땀을 비껴서
러닝 스티치

바늘을 빼낸다

바늘을
넣는다

21

1빼기　3빼기

2넣기

겹침이 적은
아우트라인 스티치

한 땀 걸러 비즈를 꿰어 넣으면서
왼쪽에서 오른쪽으로 나아간다

22

1빼기　3빼기

2넣기

겹침이 많은
아우트라인 스티치

69

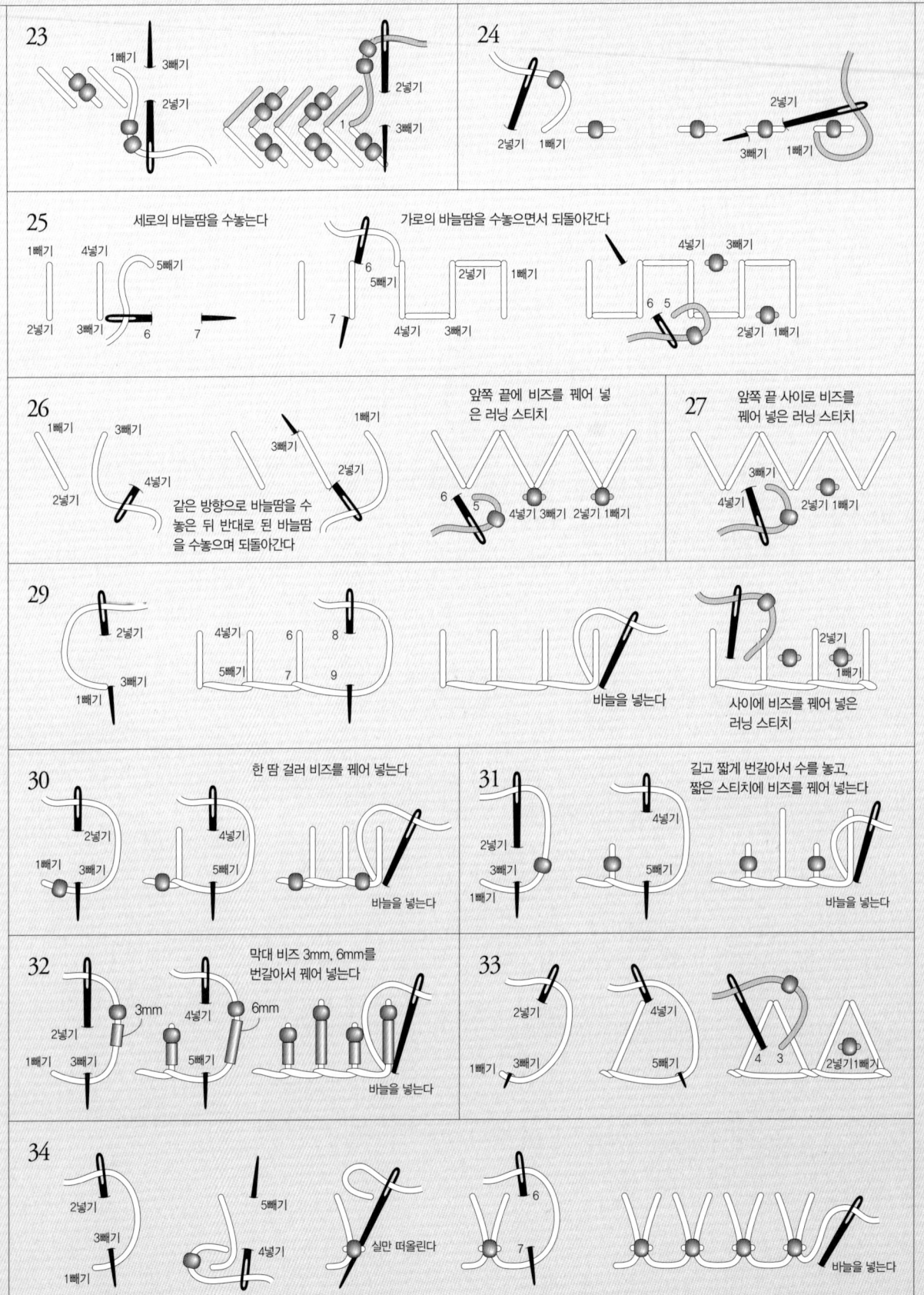

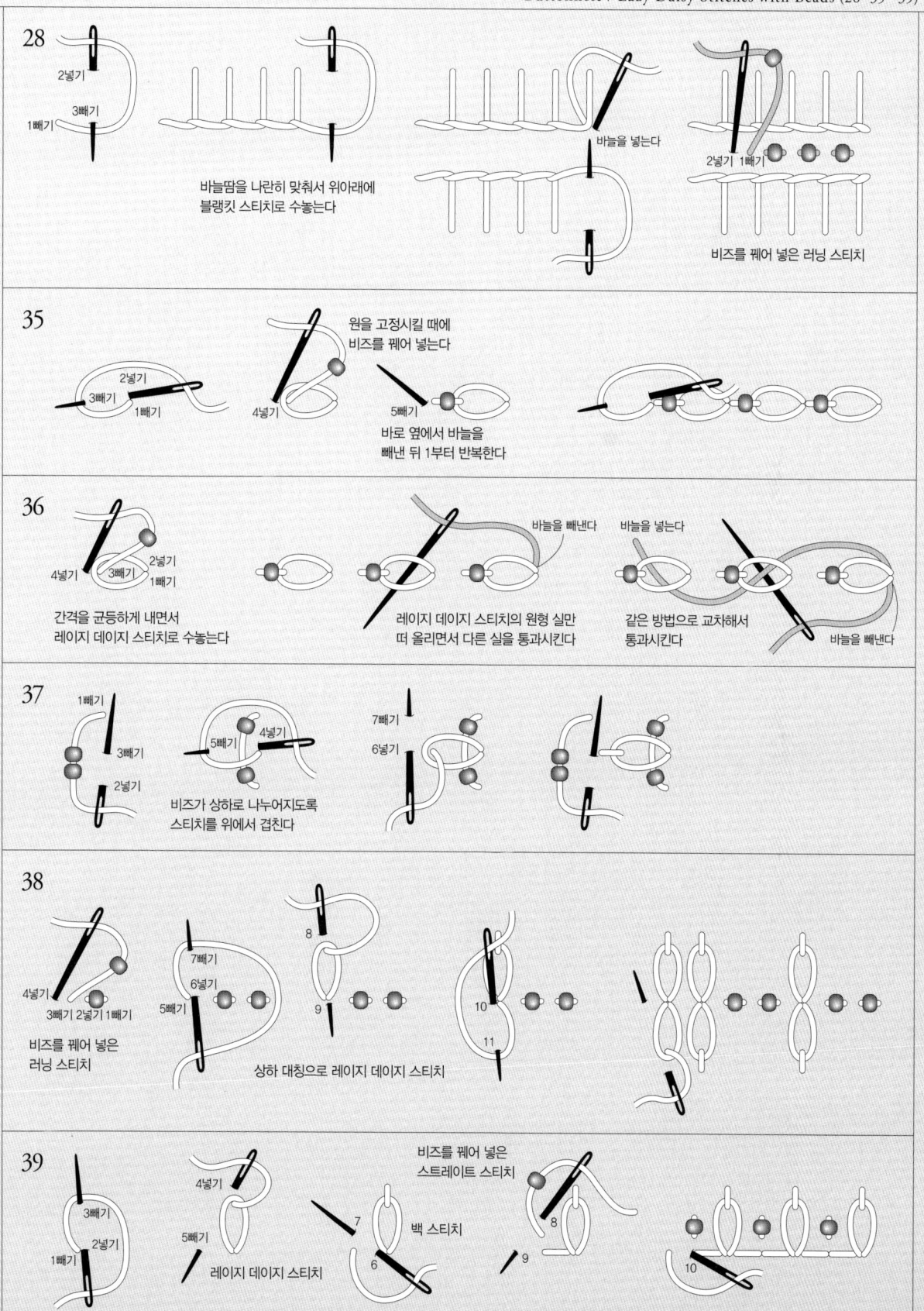

28

2넣기
3빼기
1빼기

바늘땀을 나란히 맞춰서 위아래에
블랭킷 스티치로 수놓는다

바늘을 넣는다

2넣기 1빼기

비즈를 꿰어 넣은 러닝 스티치

35

2넣기
3빼기
1빼기

원을 고정시킬 때에
비즈를 꿰어 넣는다

4넣기

5빼기

바로 옆에서 바늘을
빼낸 뒤 1부터 반복한다

36

4넣기
3빼기
2넣기
1빼기

간격을 균등하게 내면서
레이지 데이지 스티치로 수놓는다

바늘을 빼낸다

레이지 데이지 스티치의 원형 실만
떠 올리면서 다른 실을 통과시킨다

바늘을 넣는다

같은 방법으로 교차해서
통과시킨다

바늘을 빼낸다

37

1빼기
3빼기
2넣기

5빼기 4넣기

비즈가 상하로 나누어지도록
스티치를 위에서 겹친다

7빼기
6넣기

38

4넣기
3빼기 2넣기 1빼기

비즈를 꿰어 넣은
러닝 스티치

7빼기
6넣기
5빼기

8

9

상하 대칭으로 레이지 데이지 스티치

10

11

39

3빼기
2넣기
1빼기

4넣기

5빼기

레이지 데이지 스티치

7

6

백 스티치

9

비즈를 꿰어 넣은
스트레이트 스티치

8

10

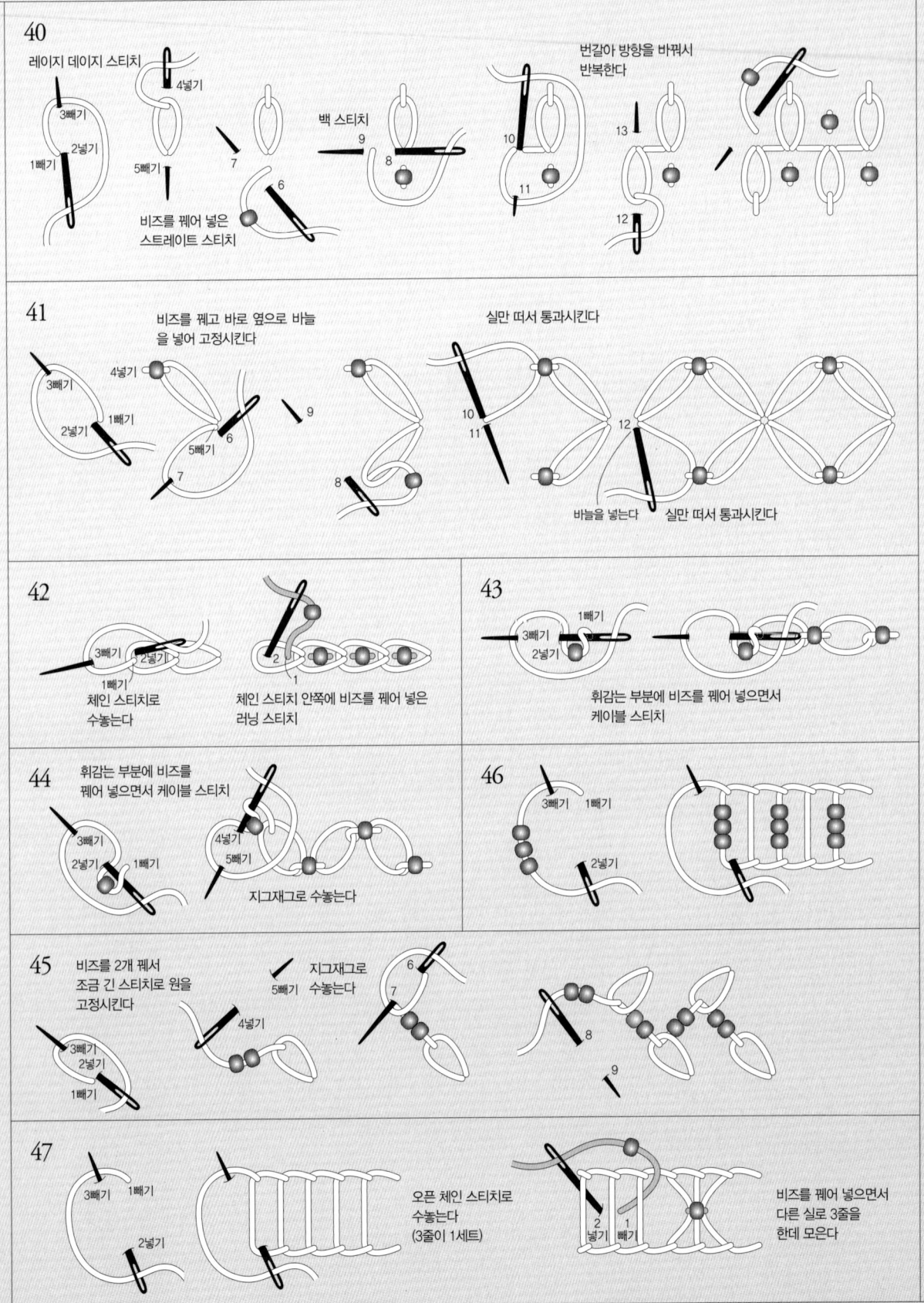

40
레이지 데이지 스티치
3빼기
2넣기
1빼기
4넣기
5빼기
7
비즈를 꿰어 넣은
스트레이트 스티치
6
백 스티치
9
8
10
11
13
12
번갈아 방향을 바꿔서
반복한다

41
3빼기
2넣기
1빼기
4넣기
6
5빼기
7
9
8
비즈를 꿰고 바로 옆으로 바늘
을 넣어 고정시킨다
10
11
바늘을 넣는다
실만 떠서 통과시킨다
12
실만 떠서 통과시킨다

42
3빼기 2넣기
1빼기
체인 스티치로
수놓는다
2
1
체인 스티치 안쪽에 비즈를 꿰어 넣은
러닝 스티치

43
1빼기
3빼기
2넣기
휘감는 부분에 비즈를 꿰어 넣으면서
케이블 스티치

44
휘감는 부분에 비즈를
꿰어 넣으면서 케이블 스티치
3빼기
2넣기 1빼기
4넣기
5빼기
지그재그로 수놓는다

46
3빼기 1빼기
2넣기

45
비즈를 2개 꿰서
조금 긴 스티치로 원을
고정시킨다
3빼기
2넣기
1빼기
4넣기
지그재그로
수놓는다
5빼기
6
7
8
9

47
3빼기 1빼기
2넣기
오픈 체인 스티치로
수놓는다
(3줄이 1세트)
2
넣기
1
빼기
비즈를 꿰어 넣으면서
다른 실로 3줄을
한데 모은다

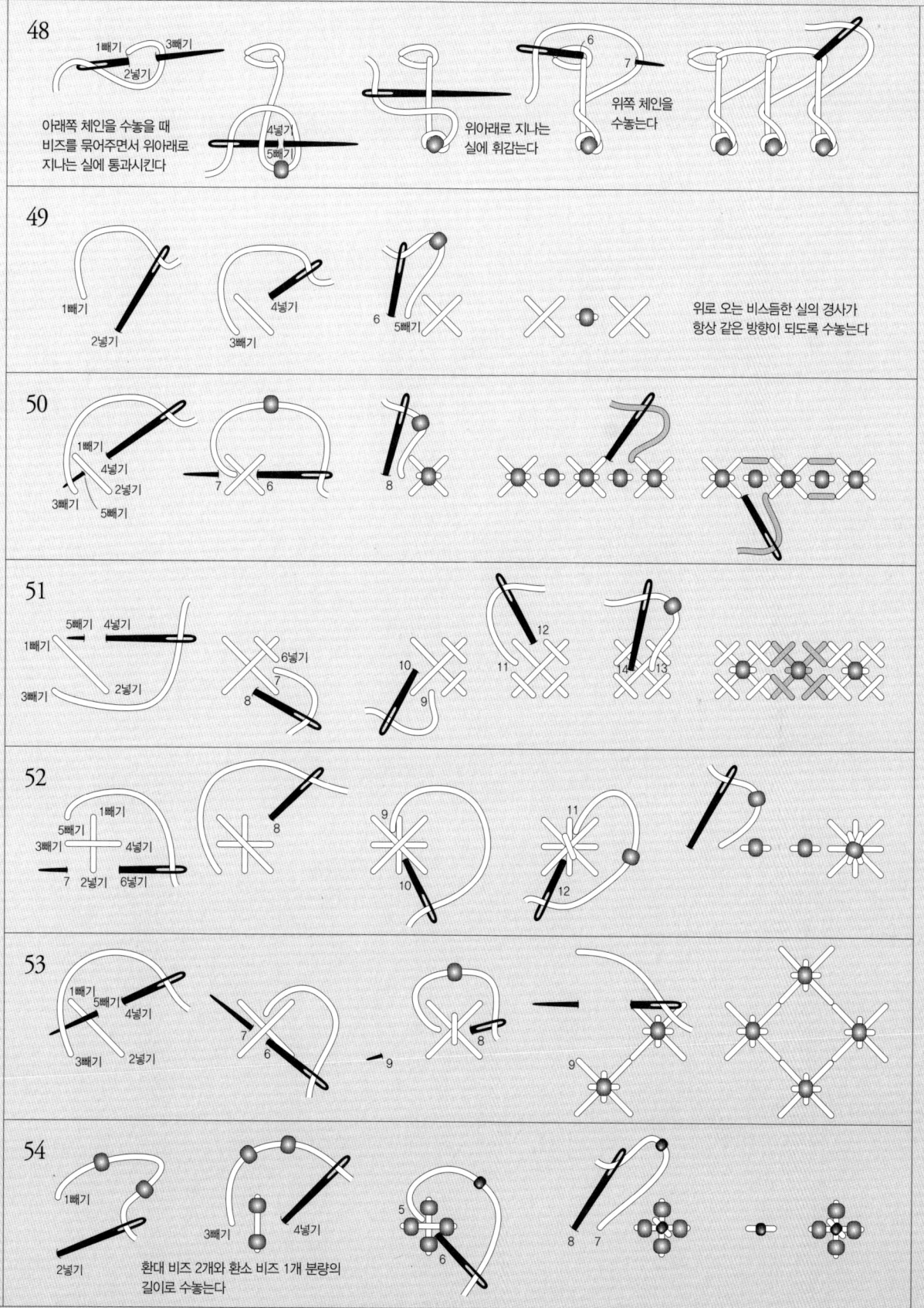

48

아래쪽 체인을 수놓을 때 비즈를 묶어주면서 위아래로 지나는 실에 통과시킨다

1빼기　3빼기
2넣기
4넣기
5빼기

6
7

위아래로 지나는 실에 휘감는다

위쪽 체인을 수놓는다

49

1빼기
2넣기

4넣기
3빼기

6
5빼기

위로 오는 비스듬한 실의 경사가 항상 같은 방향이 되도록 수놓는다

50

1빼기
4넣기
2넣기
3빼기
5빼기

7　6

8

51

5빼기　4넣기
1빼기
3빼기　2넣기

6넣기
7
8

10
9

12
11

14　13

52

1빼기
5빼기
3빼기　4넣기
7　2넣기　6넣기

8

9

10

11
12

53

1빼기
5빼기　4넣기
3빼기　2넣기

7
6

8

9

9

54

1빼기
2넣기

환대 비즈 2개와 환소 비즈 1개 분량의 길이로 수놓는다

3빼기　4넣기

5
6

8　7

73

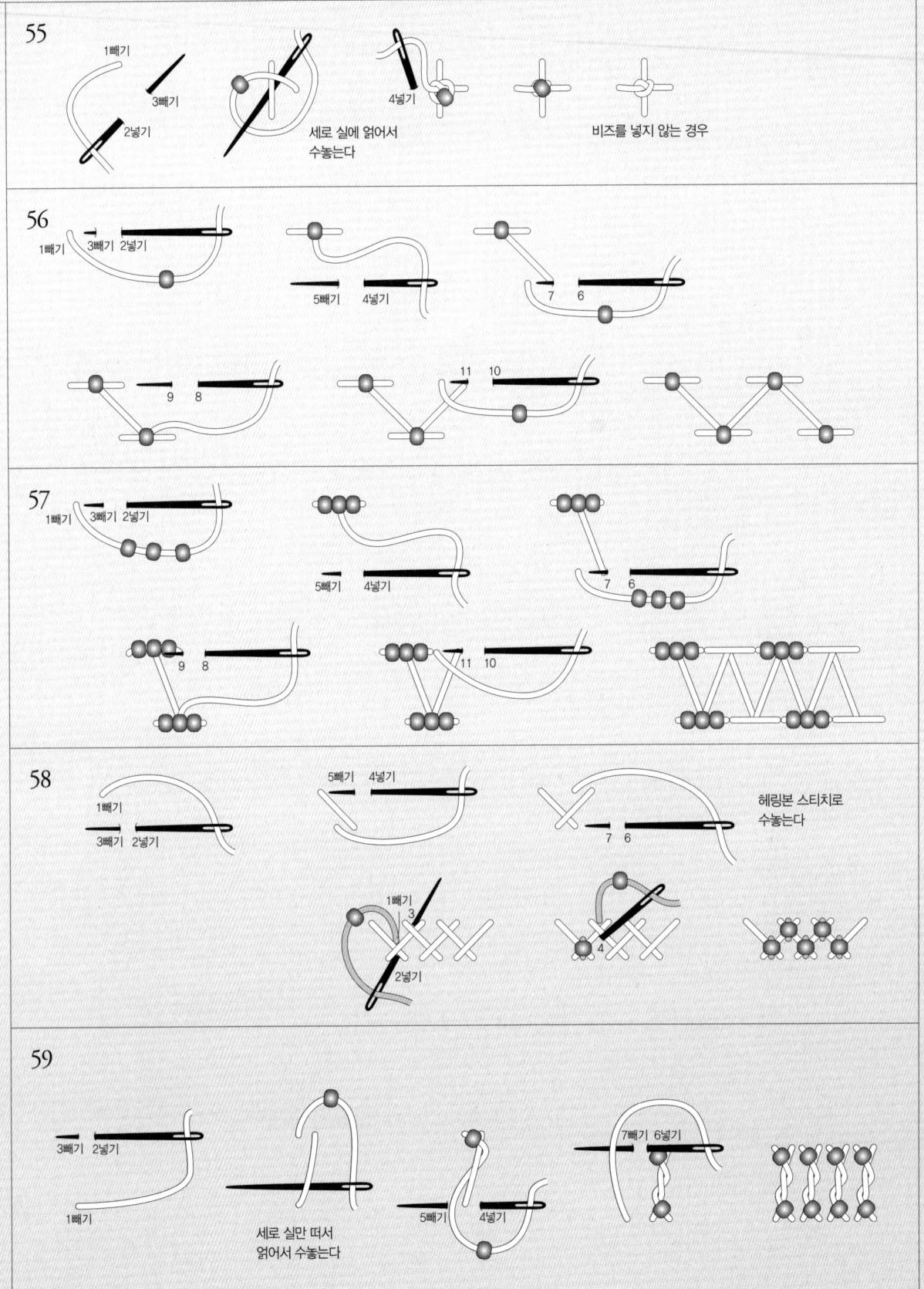

55

1빼기
3빼기
2넣기
4넣기
세로 실에 얽어서
수놓는다
비즈를 넣지 않는 경우

56

1빼기 3빼기 2넣기
5빼기 4넣기
7 6
9 8
11 10

57

1빼기 3빼기 2넣기
5빼기 4넣기
7 6
9 8
11 10

58

1빼기
3빼기 2넣기
5빼기 4넣기
7 6
헤링본 스티치로
수놓는다
1빼기
3
2넣기
4

59

3빼기 2넣기
1빼기
세로 실만 떠서
얽어서 수놓는다
5빼기 4넣기
7빼기 6넣기

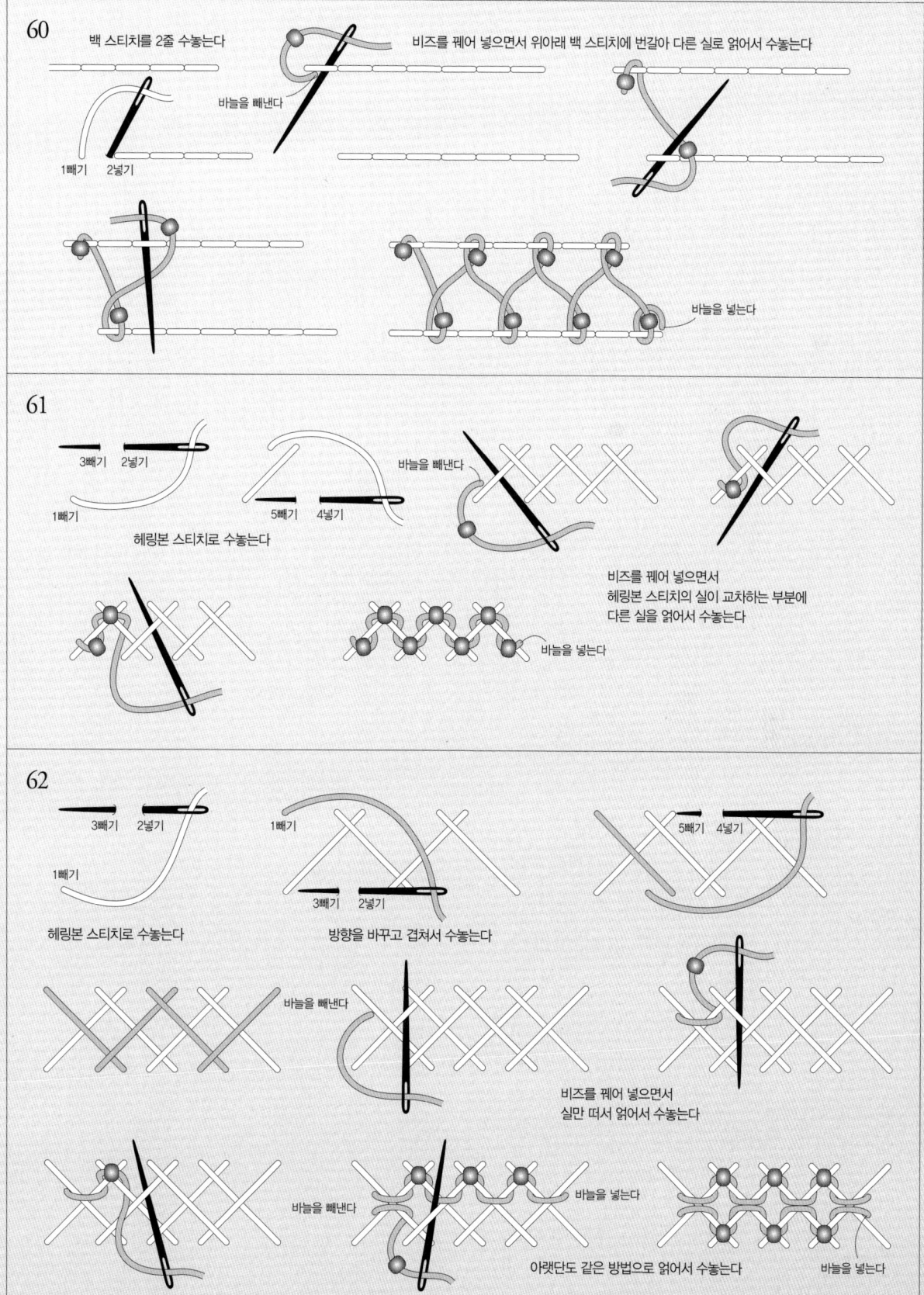

60 백 스티치를 2줄 수놓는다

바늘을 빼낸다

1빼기　2넣기

비즈를 꿰어 넣으면서 위아래 백 스티치에 번갈아 다른 실로 얽어서 수놓는다

바늘을 넣는다

61

3빼기　2넣기

1빼기

5빼기　4넣기

헤링본 스티치로 수놓는다

바늘을 빼낸다

비즈를 꿰어 넣으면서
헤링본 스티치의 실이 교차하는 부분에
다른 실을 얽어서 수놓는다

바늘을 넣는다

62

3빼기　2넣기

1빼기

1빼기

3빼기　2넣기

5빼기　4넣기

헤링본 스티치로 수놓는다

방향을 바꾸고 겹쳐서 수놓는다

바늘을 빼낸다

비즈를 꿰어 넣으면서
실만 떠서 얽어서 수놓는다

바늘을 빼낸다

바늘을 넣는다

아랫단도 같은 방법으로 얽어서 수놓는다

바늘을 넣는다

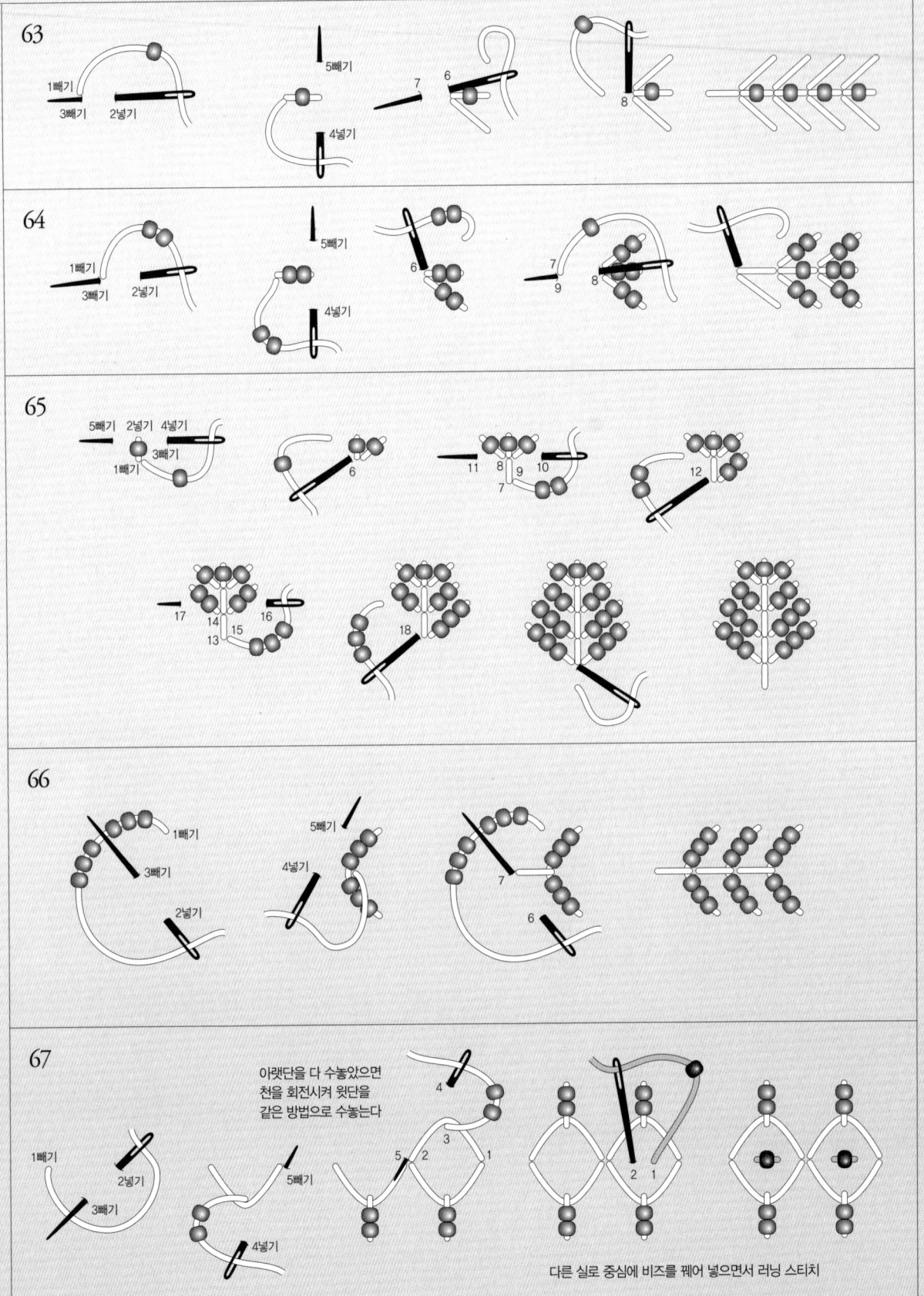

63

1빼기 3빼기 2넣기 5빼기 4넣기 7 6 8

64

1빼기 3빼기 2넣기 5빼기 4넣기 6 7 9 8

65

5빼기 2넣기 4넣기 3빼기 1빼기 6 11 8 9 10 7 12

17 14 16 13 15 18

66

1빼기 3빼기 2넣기 5빼기 4넣기 7 6

67

아랫단을 다 수놓았으면 천을 회전시켜 윗단을 같은 방법으로 수놓는다

1빼기 2넣기 3빼기 4 5빼기 4넣기 3 5 2 1 2 1

다른 실로 중심에 비즈를 꿰어 넣으면서 러닝 스티치

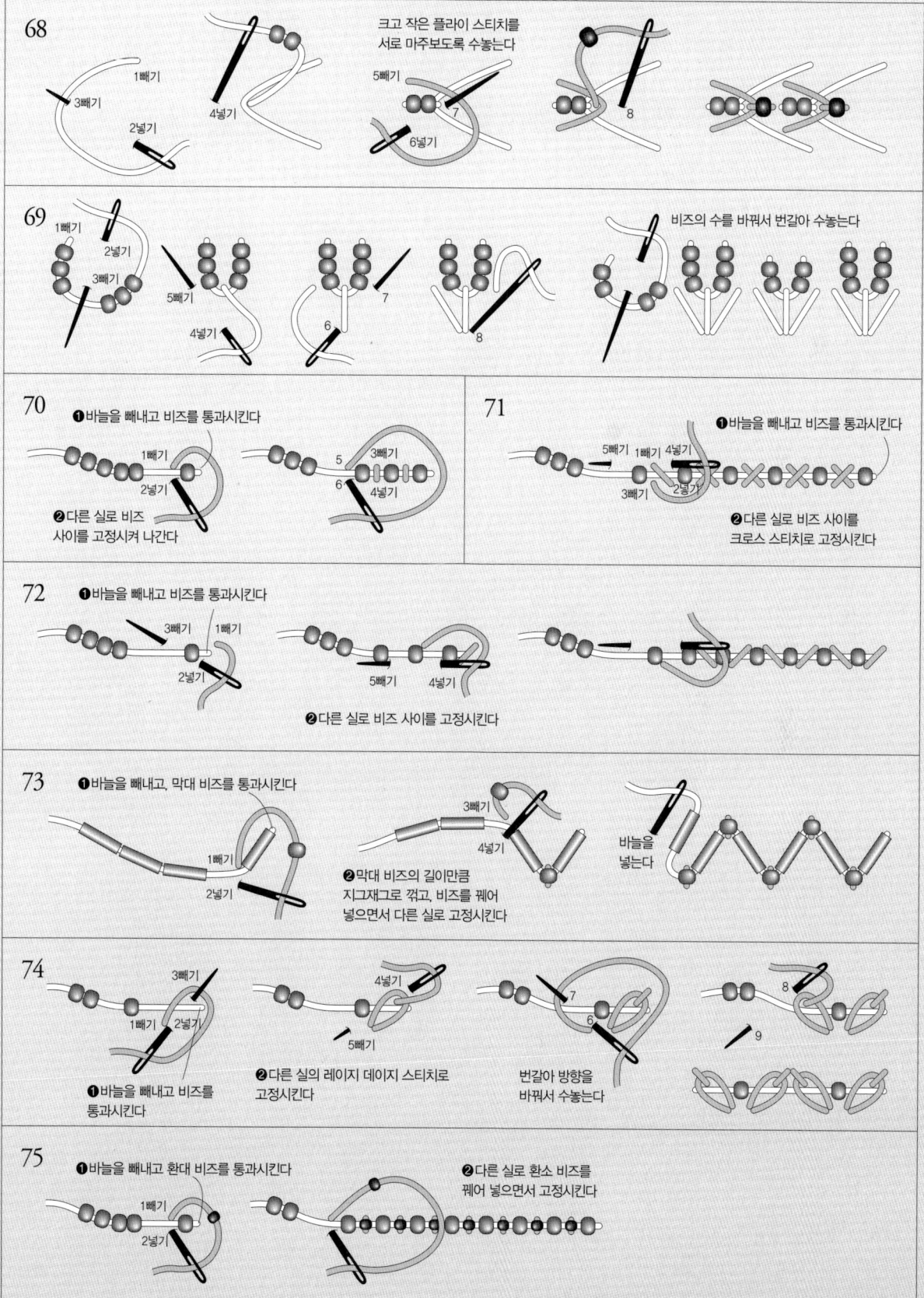

68

크고 작은 플라이 스티치를
서로 마주보도록 수놓는다

1빼기
3빼기
2넣기
4넣기
5빼기
7
6넣기
8

69

1빼기
2넣기
3빼기
5빼기
4넣기
6
7
8

비즈의 수를 바꿔서 번갈아 수놓는다

70

❶바늘을 빼내고 비즈를 통과시킨다

1빼기
2넣기
5
6
3빼기
4넣기

❷다른 실로 비즈
사이를 고정시켜 나간다

71

❶바늘을 빼내고 비즈를 통과시킨다

5빼기
1빼기 4넣기
3빼기
2넣기

❷다른 실로 비즈 사이를
크로스 스티치로 고정시킨다

72

❶바늘을 빼내고 비즈를 통과시킨다

3빼기 1빼기
2넣기
5빼기 4넣기

❷다른 실로 비즈 사이를 고정시킨다

73

❶바늘을 빼내고, 막대 비즈를 통과시킨다

1빼기
2넣기
3빼기
4넣기

❷막대 비즈의 길이만큼
지그재그로 꺾고, 비즈를 꿰어
넣으면서 다른 실로 고정시킨다

바늘을
넣는다

74

3빼기
1빼기 2넣기

❶바늘을 빼내고 비즈를
통과시킨다

4넣기
5빼기

❷다른 실의 레이지 데이지 스티치로
고정시킨다

7
6

번갈아 방향을
바꿔서 수놓는다

8
9

75

❶바늘을 빼내고 환대 비즈를 통과시킨다

1빼기
2넣기

❷다른 실로 환소 비즈를
꿰어 넣으면서 고정시킨다

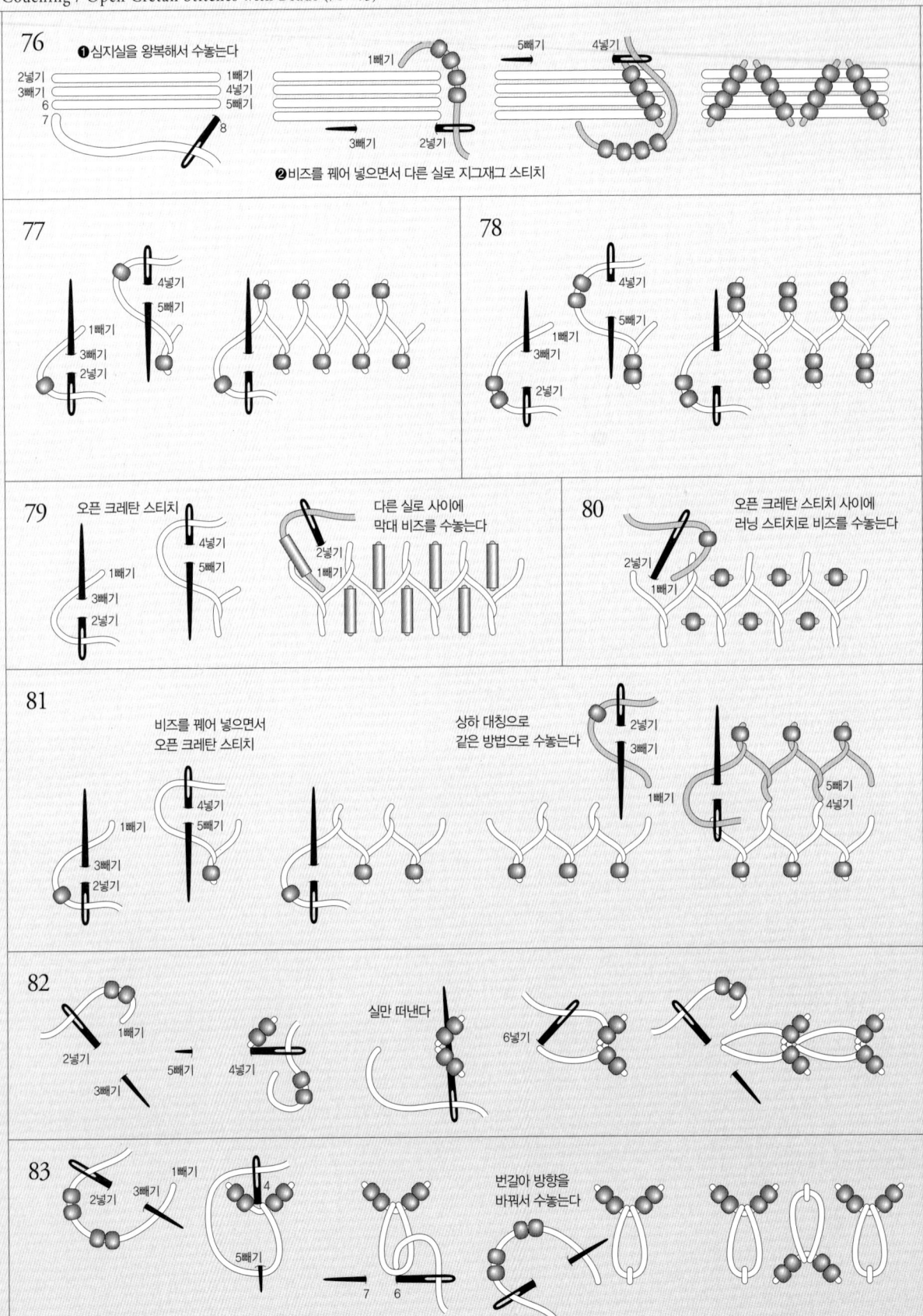

76

❶ 심지실을 왕복해서 수놓는다

2넣기
3빼기
6
7

1빼기
4넣기
5빼기

8

1빼기
5빼기
4넣기
3빼기
2넣기

❷ 비즈를 꿰어 넣으면서 다른 실로 지그재그 스티치

77

4넣기
5빼기
1빼기
3빼기
2넣기

78

4넣기
5빼기
1빼기
3빼기
2넣기

79

오픈 크레탄 스티치
4넣기
5빼기
1빼기
3빼기
2넣기

다른 실로 사이에
막대 비즈를 수놓는다

2넣기
1빼기

80

오픈 크레탄 스티치 사이에
러닝 스티치로 비즈를 수놓는다

2넣기
1빼기

81

비즈를 꿰어 넣으면서
오픈 크레탄 스티치

4넣기
5빼기
1빼기
3빼기
2넣기

상하 대칭으로
같은 방법으로 수놓는다

2넣기
3빼기
1빼기

5빼기
4넣기

82

1빼기
2넣기
3빼기
5빼기
4넣기

실만 떠낸다

6넣기

83

2넣기
3빼기
1빼기
4
5빼기

7 6

번갈아 방향을
바꿔서 수놓는다

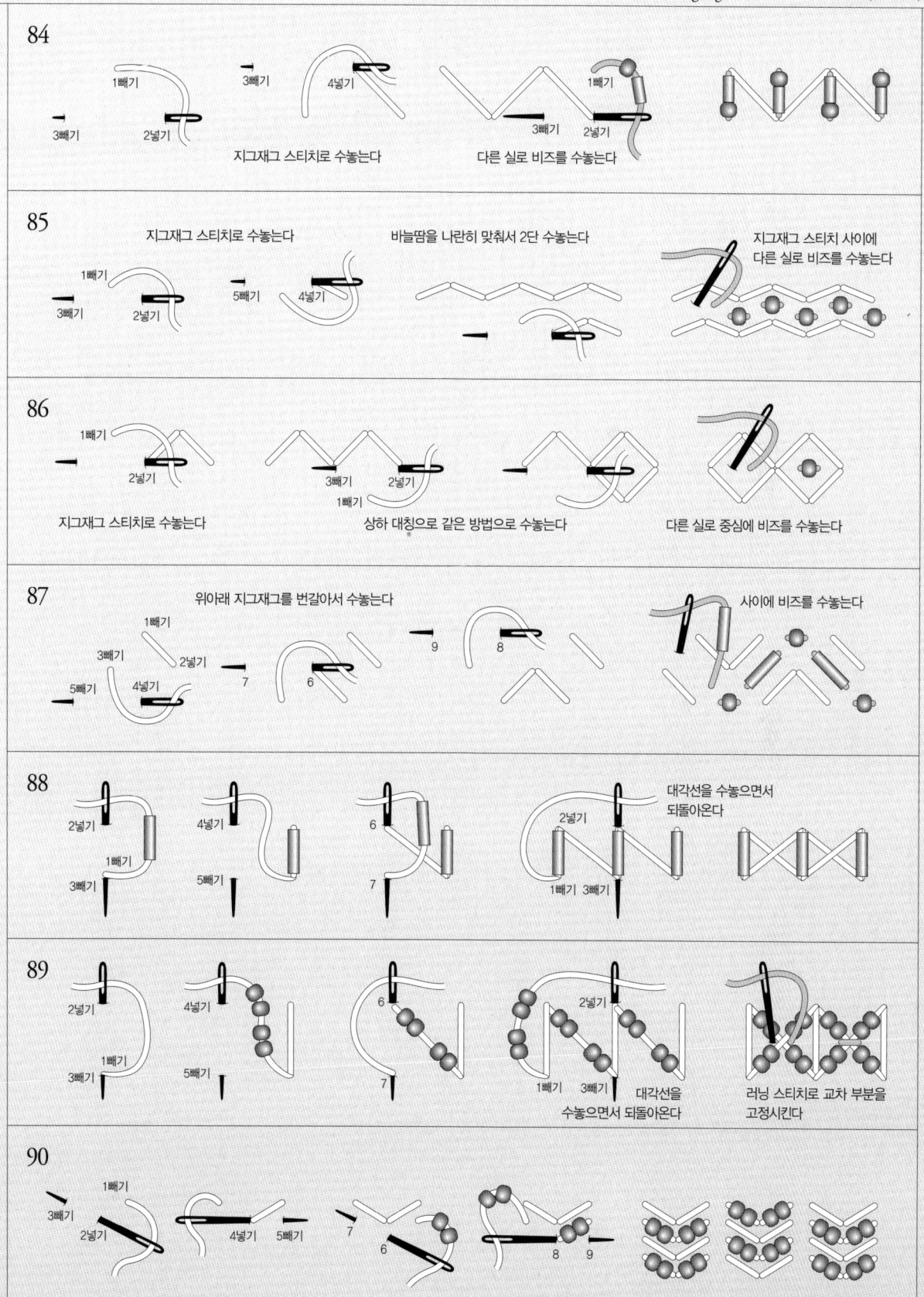

84

1빼기 3빼기 4넣기

3빼기 2넣기 지그재그 스티치로 수놓는다 다른 실로 비즈를 수놓는다 1빼기

3빼기 2넣기

85 지그재그 스티치로 수놓는다 바늘땀을 나란히 맞춰서 2단 수놓는다 지그재그 스티치 사이에 다른 실로 비즈를 수놓는다

1빼기 5빼기 4넣기

3빼기 2넣기

86 1빼기

2넣기 3빼기 2넣기 다른 실로 중심에 비즈를 수놓는다

1빼기

지그재그 스티치로 수놓는다 상하 대칭으로 같은 방법으로 수놓는다

87 위아래 지그재그를 번갈아서 수놓는다 사이에 비즈를 수놓는다

1빼기 3빼기 2넣기 7 6 9 8

5빼기 4넣기

88 대각선을 수놓으면서 되돌아온다

2넣기 4넣기 6

1빼기 5빼기 7

3빼기 2넣기

1빼기 3빼기

89

2넣기 4넣기 6 2넣기

1빼기 5빼기 7

3빼기 1빼기 3빼기 대각선을 러닝 스티치로 교차 부분을 고정시킨다

수놓으면서 되돌아온다

90

1빼기

3빼기 4넣기 5빼기 7

2넣기 6 8 9

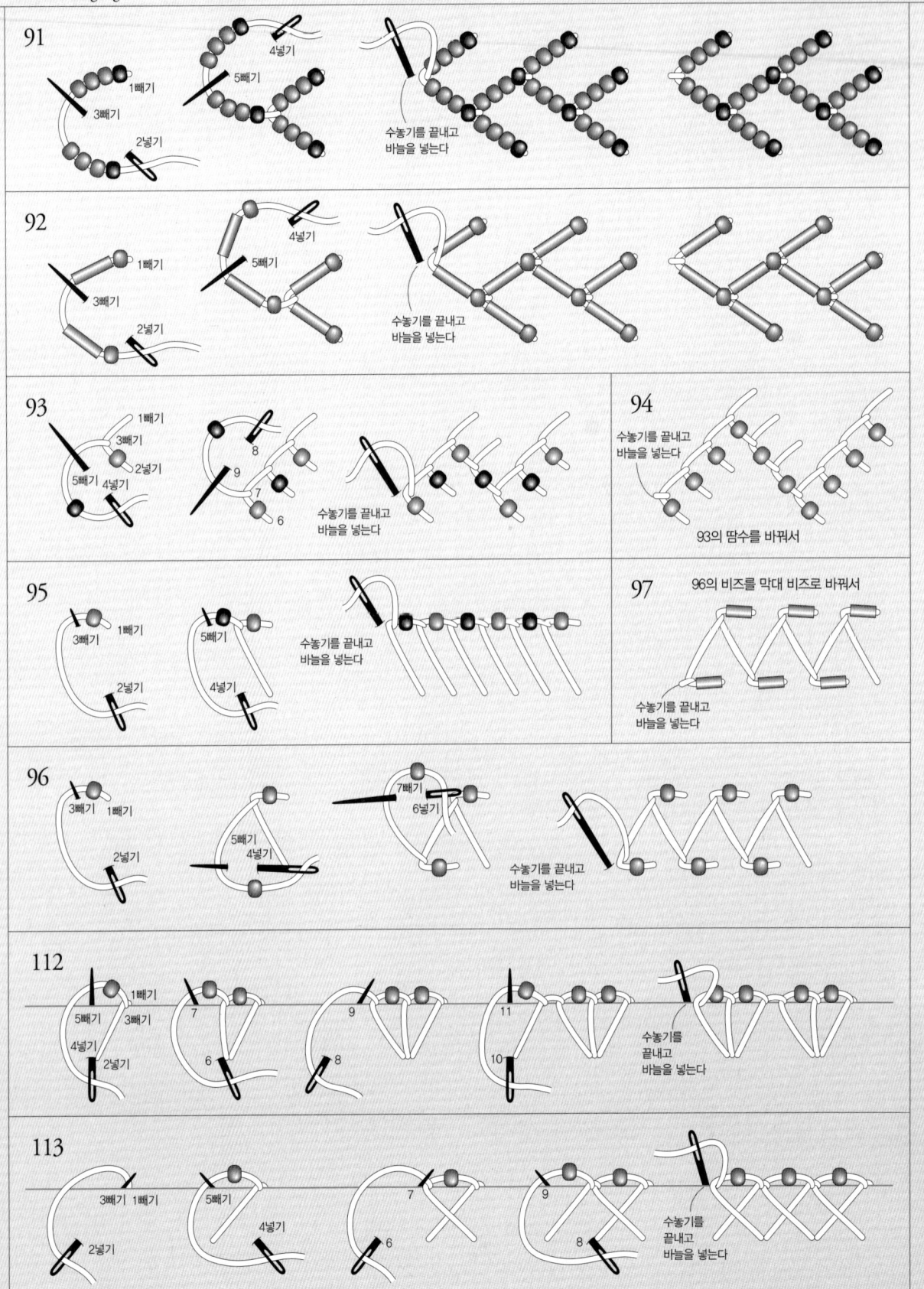

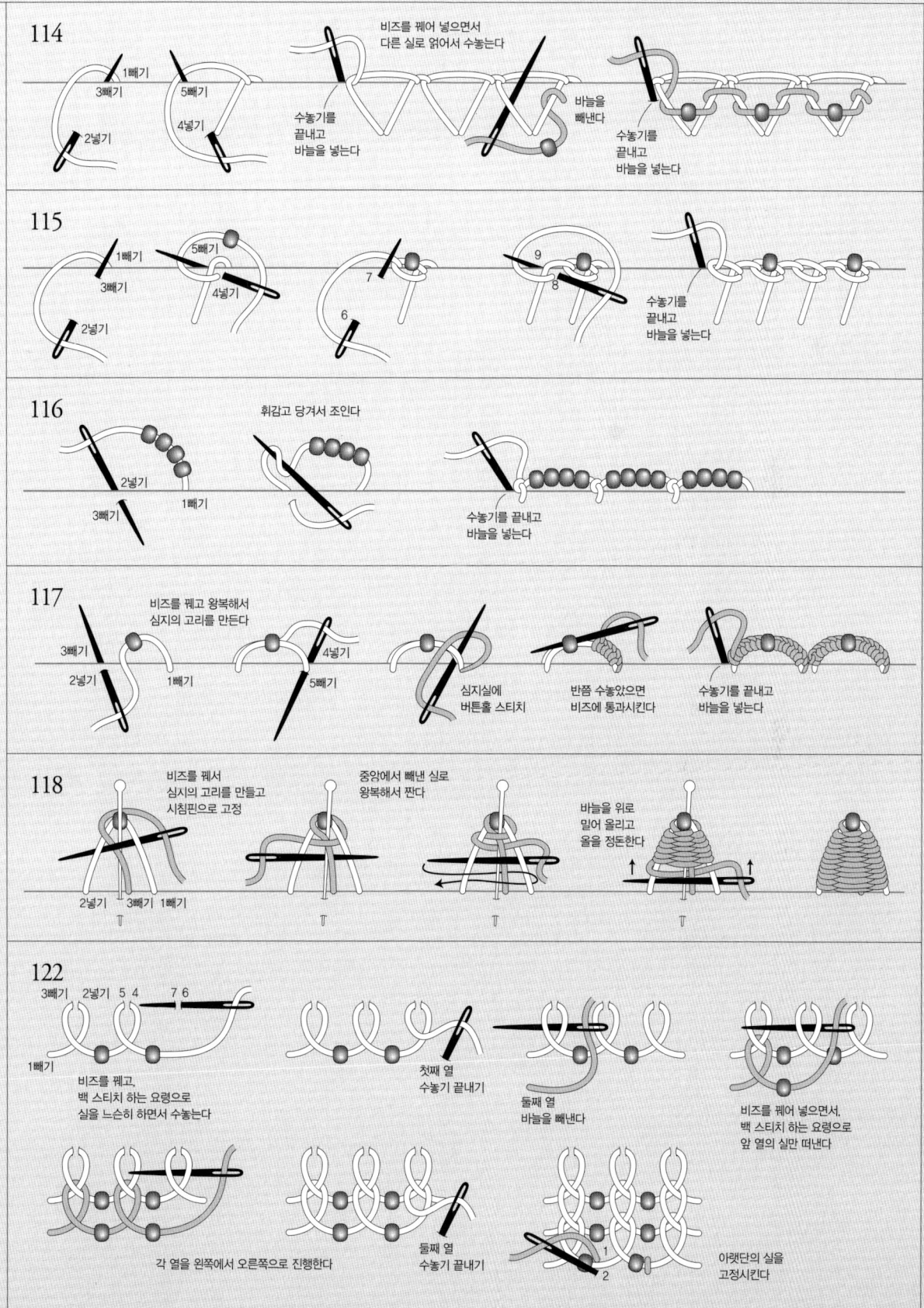

114

1빼기
3빼기
2넣기
5빼기
4넣기

비즈를 꿰어 넣으면서
다른 실로 얽어서 수놓는다

수놓기를
끝내고
바늘을 넣는다

바늘을
빼낸다

수놓기를
끝내고
바늘을 넣는다

115

1빼기
3빼기
2넣기
5빼기
4넣기

7
6

9
8

수놓기를
끝내고
바늘을 넣는다

116

2넣기
3빼기
1빼기

휘감고 당겨서 조인다

수놓기를 끝내고
바늘을 넣는다

117

3빼기
2넣기
1빼기
4넣기
5빼기

비즈를 꿰고 왕복해서
심지의 고리를 만든다

심지실에
버튼홀 스티치

반쯤 수놓았으면
비즈에 통과시킨다

수놓기를 끝내고
바늘을 넣는다

118

2넣기
3빼기
1빼기

비즈를 꿰어
심지의 고리를 만들고
시침핀으로 고정

중앙에서 빼낸 실로
왕복해서 짠다

바늘을 위로
밀어 올리고
올을 정돈한다

122

3빼기
2넣기
5
4
7
6

1빼기

비즈를 꿰고,
백 스티치 하는 요령으로
실을 느슨히 하면서 수놓는다

첫째 열
수놓기 끝내기

둘째 열
바늘을 빼낸다

비즈를 꿰어 넣으면서,
백 스티치 하는 요령으로
앞 열의 실만 떠낸다

각 열을 왼쪽에서 오른쪽으로 진행한다

둘째 열
수놓기 끝내기

1
2

아랫단의 실을
고정시킨다

81

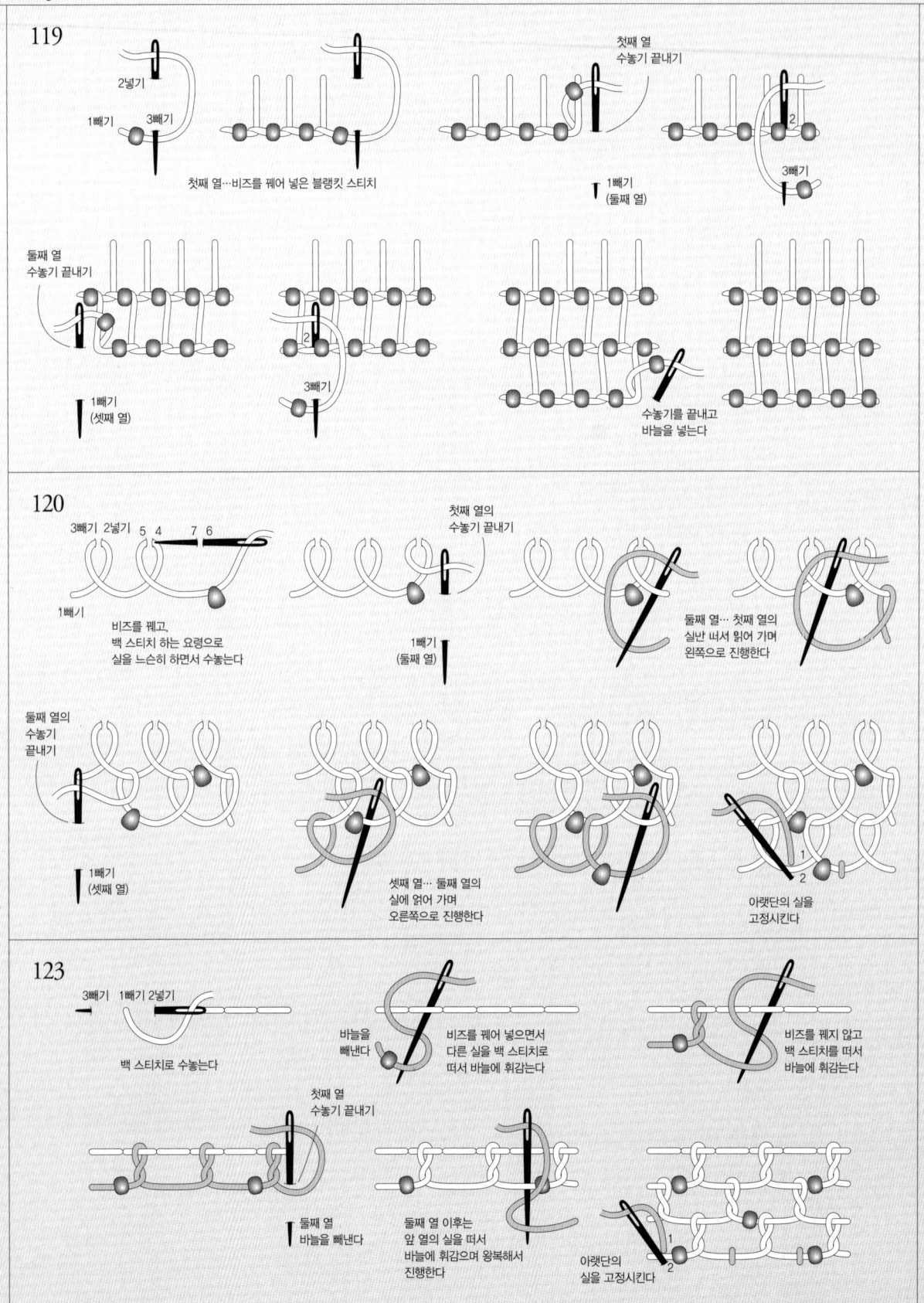

119

2넣기

1빼기 3빼기

첫째 열
수놓기 끝내기

1빼기
(둘째 열)

3빼기

첫째 열…비즈를 꿰어 넣은 블랭킷 스티치

둘째 열
수놓기 끝내기

1빼기
(셋째 열)

3빼기

수놓기를 끝내고
바늘을 넣는다

120

3빼기 2넣기 5 4 7 6

1빼기

비즈를 꿰고,
백 스티치 하는 요령으로
실을 느슨히 하면서 수놓는다

첫째 열의
수놓기 끝내기

1빼기
(둘째 열)

둘째 열… 첫째 열의
실밥 떠서 읽어 가며
왼쪽으로 진행한다

둘째 열의
수놓기
끝내기

1빼기
(셋째 열)

셋째 열… 둘째 열의
실에 얽어 가며
오른쪽으로 진행한다

1

2

아랫단의 실을
고정시킨다

123

3빼기 1빼기 2넣기

백 스티치로 수놓는다

바늘을
빼낸다

비즈를 꿰어 넣으면서
다른 실을 백 스티치로
떠서 바늘에 휘감는다

비즈를 꿰지 않고
백 스티치를 떠서
바늘에 휘감는다

첫째 열
수놓기 끝내기

둘째 열
바늘을 빼낸다

둘째 열 이후는
앞 열의 실을 떠서
바늘에 휘감으며 왕복해서
진행한다

1

2

아랫단의
실을 고정시킨다

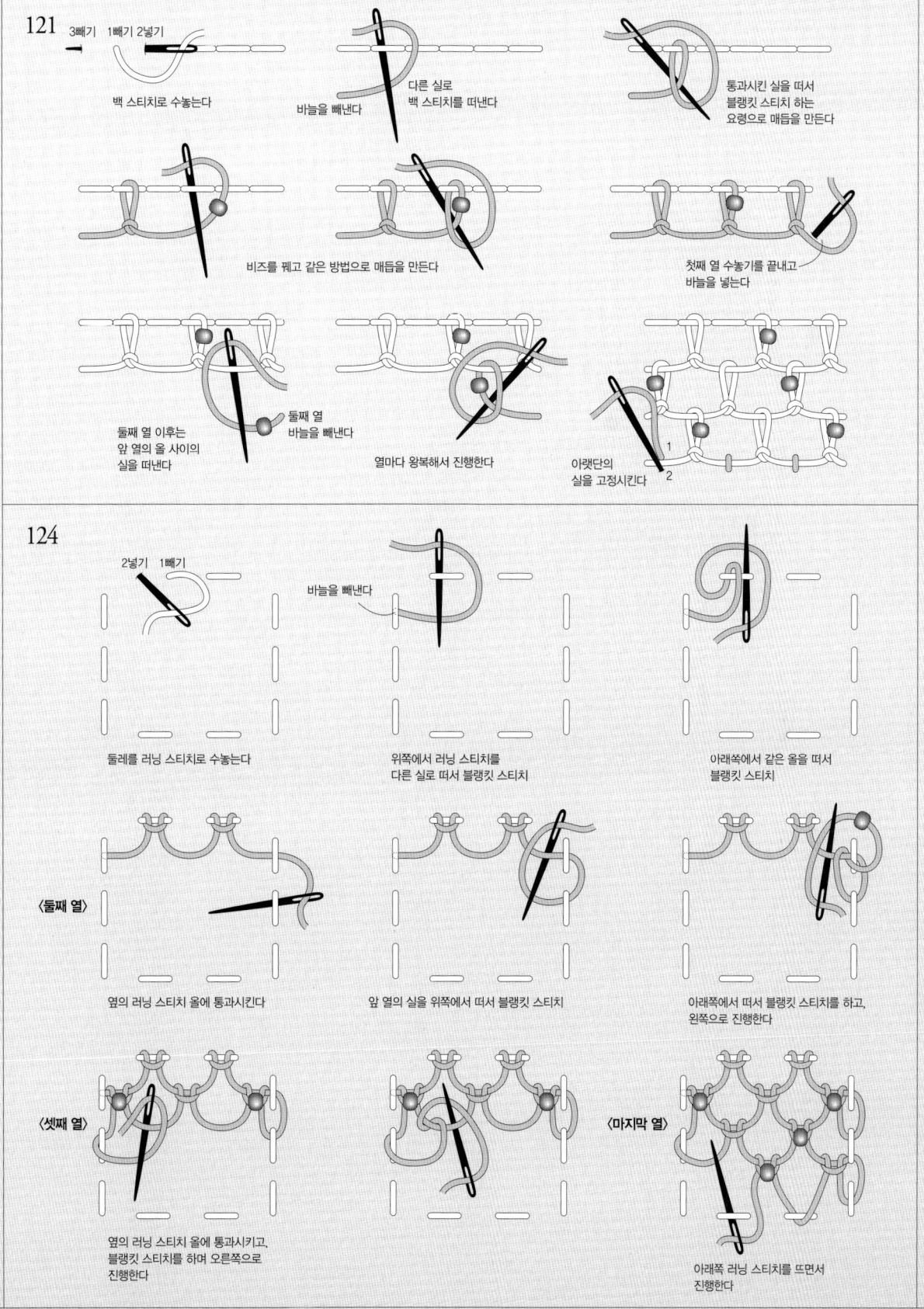

121

3빼기 1빼기 2넣기

백 스티치로 수놓는다

바늘을 빼낸다

다른 실로
백 스티치를 떠낸다

통과시킨 실을 떠서
블랭킷 스티치 하는
요령으로 매듭을 만든다

비즈를 꿰고 같은 방법으로 매듭을 만든다

첫째 열 수놓기를 끝내고
바늘을 넣는다

둘째 열 이후는
앞 열의 올 사이의
실을 떠낸다

둘째 열
바늘을 빼낸다

열마다 왕복해서 진행한다

아랫단의
실을 고정시킨다

1
2

124

2넣기 1빼기

바늘을 빼낸다

둘레를 러닝 스티치로 수놓는다

위쪽에서 러닝 스티치를
다른 실로 떠서 블랭킷 스티치

아래쪽에서 같은 올을 떠서
블랭킷 스티치

〈둘째 열〉

옆의 러닝 스티치 올에 통과시킨다

앞 열의 실을 위쪽에서 떠서 블랭킷 스티치

아래쪽에서 떠서 블랭킷 스티치를 하고,
왼쪽으로 진행한다

〈셋째 열〉

옆의 러닝 스티치 올에 통과시키고,
블랭킷 스티치를 하며 오른쪽으로
진행한다

〈마지막 열〉

아래쪽 러닝 스티치를 뜨면서
진행한다

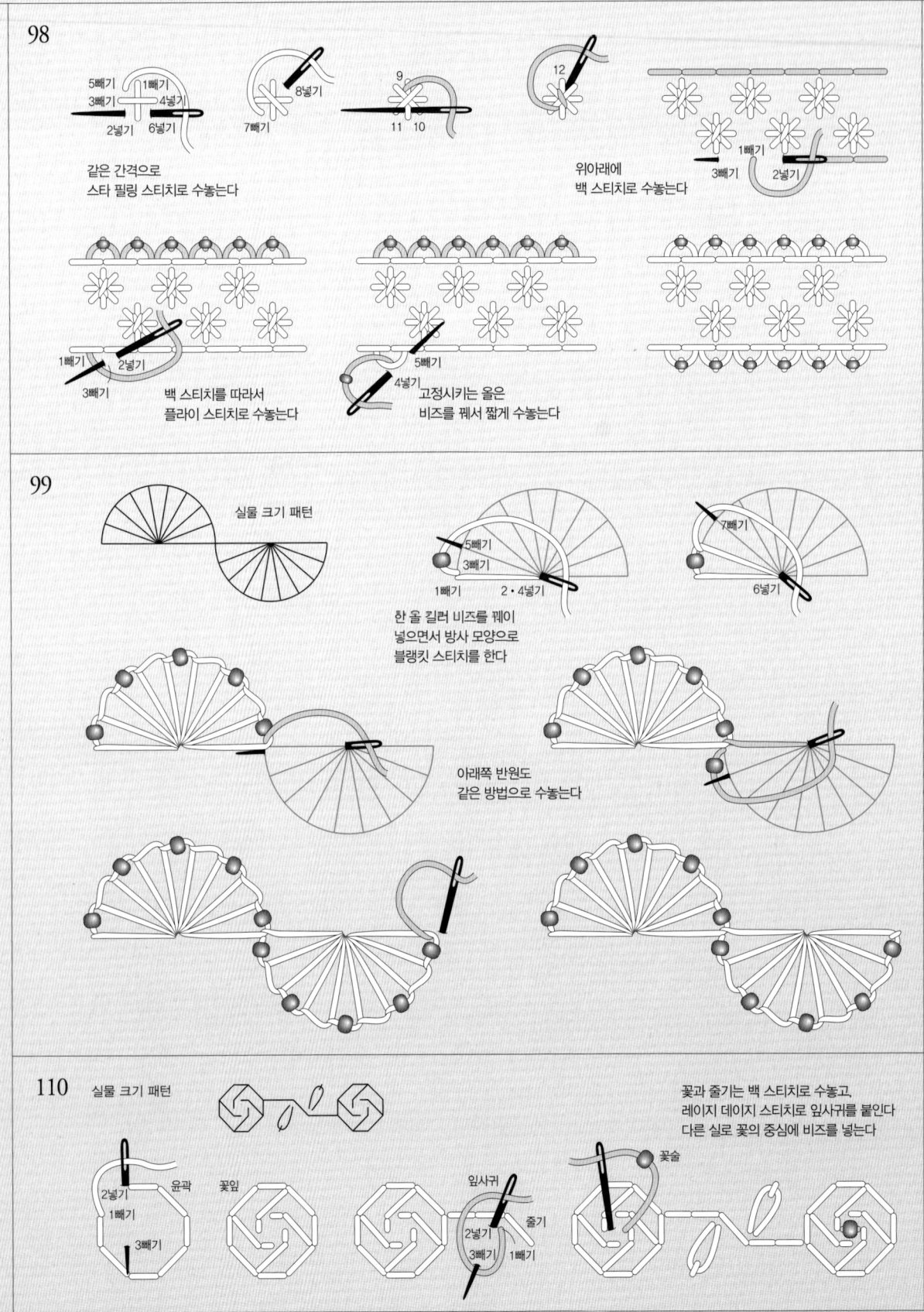

98

5빼기 1빼기
3빼기 4넣기
2빼기 6넣기

8넣기
7빼기

9
11 10

12

같은 간격으로
스타 필링 스티치로 수놓는다

위아래에
백 스티치로 수놓는다

1빼기
3빼기 2넣기

1빼기 2넣기
3빼기

백 스티치를 따라서
플라이 스티치로 수놓는다

5빼기
4넣기
고정시키는 올은
비즈를 꿰서 짧게 수놓는다

99

실물 크기 패턴

5빼기
3빼기
1빼기 2・4넣기

7빼기
6넣기

한 올 길러 비즈를 꿰어
넣으면서 방사 모양으로
블랭킷 스티치를 한다

아래쪽 반원도
같은 방법으로 수놓는다

110 실물 크기 패턴

꽃과 줄기는 백 스티치로 수놓고,
레이지 데이지 스티치로 잎사귀를 붙인다
다른 실로 꽃의 중심에 비즈를 넣는다

2넣기 윤곽
1빼기
3빼기

꽃잎

잎사귀
2넣기
3빼기 1빼기
줄기

꽃술

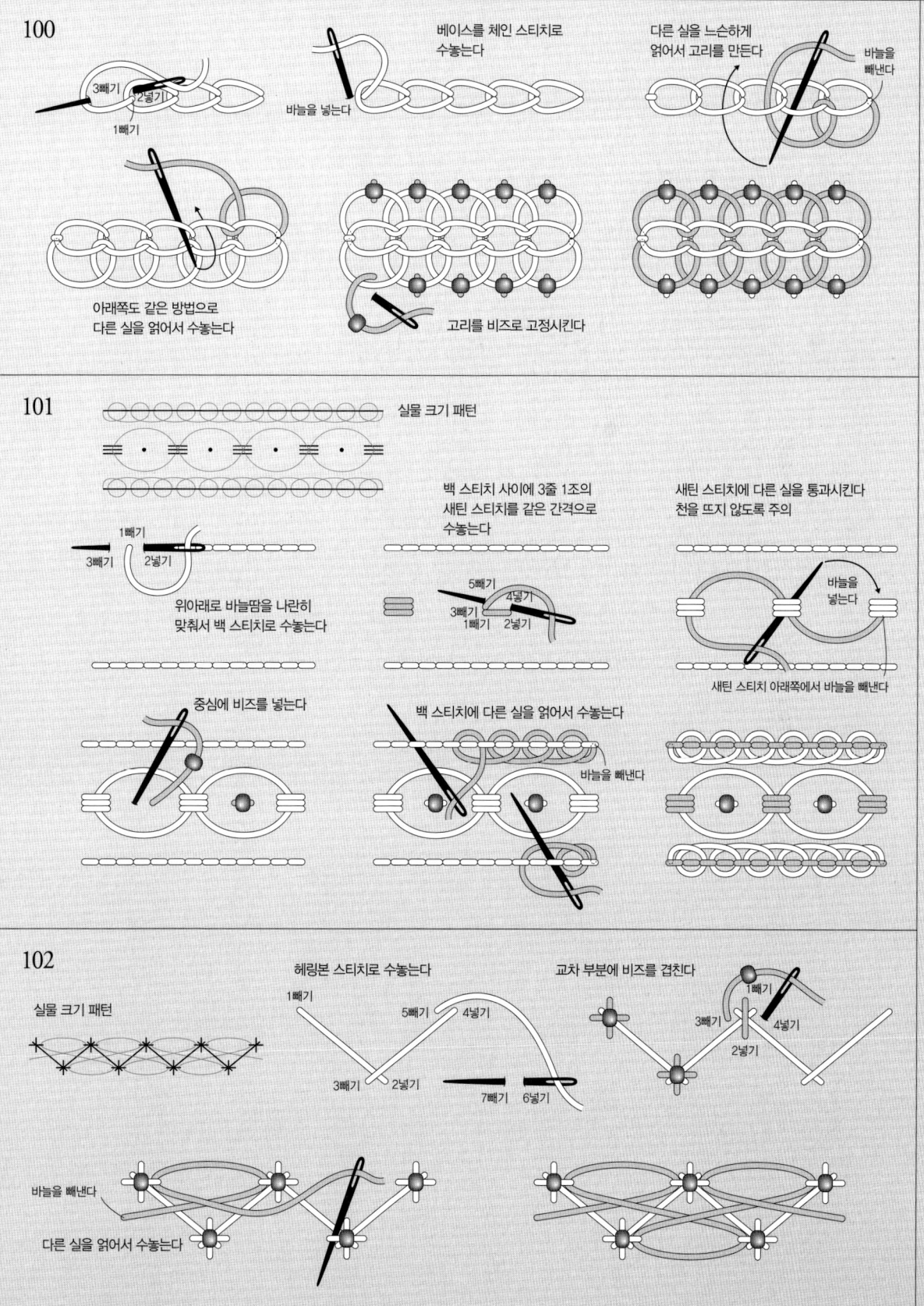

100

3빼기　2넣기

1빼기

바늘을 넣는다

베이스를 체인 스티치로
수놓는다

다른 실을 느슨하게
얽어서 고리를 만든다

바늘을
빼낸다

아래쪽도 같은 방법으로
다른 실을 얽어서 수놓는다

고리를 비즈로 고정시킨다

101

실물 크기 패턴

1빼기

3빼기　2넣기

위아래로 바늘땀을 나란히
맞춰서 백 스티치로 수놓는다

백 스티치 사이에 3줄 1조의
새틴 스티치를 같은 간격으로
수놓는다

5넣기
3빼기　　4넣기
1빼기　2넣기

새틴 스티치에 다른 실을 통과시킨다
천을 뜨지 않도록 주의

바늘을
넣는다

새틴 스티치 아래쪽에서 바늘을 빼낸다

중심에 비즈를 넣는다

백 스티치에 다른 실을 얽어서 수놓는다

바늘을 빼낸다

102

실물 크기 패턴

헤링본 스티치로 수놓는다

1빼기

5빼기　4넣기

3빼기　2넣기

7빼기　6넣기

교차 부분에 비즈를 겹친다

1빼기

3빼기

4넣기

2넣기

바늘을 빼낸다

다른 실을 얽어서 수놓는다

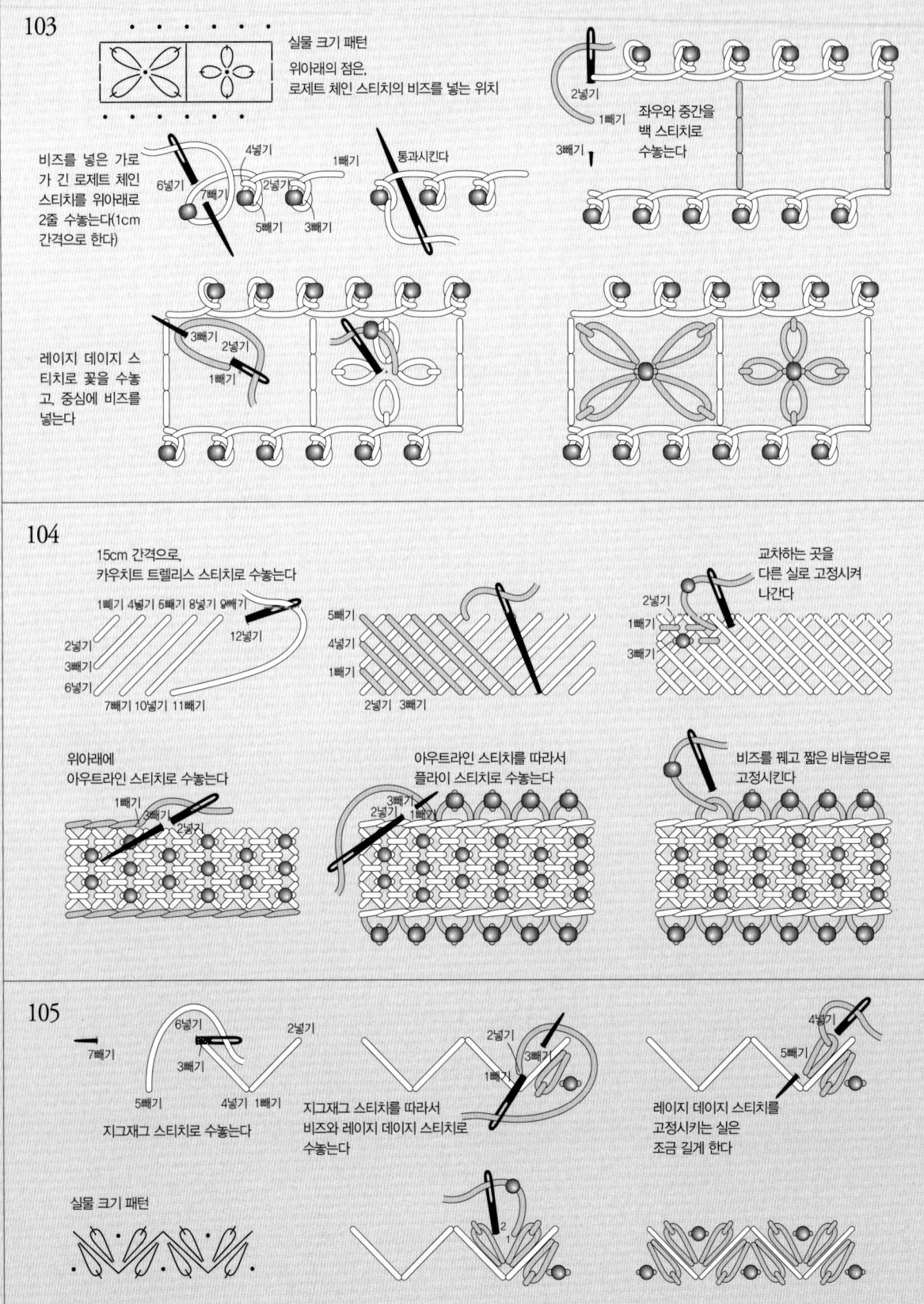

103

실물 크기 패턴
위아래의 점은,
로제트 체인 스티치의 비즈를 넣는 위치

비즈를 넣은 가로
가 긴 로제트 체인
스티치를 위아래로
2줄 수놓는다(1cm
간격으로 한다)

4넣기
6넣기
7빼기
2넣기
5빼기
3빼기
1빼기
통과시킨다

2넣기
1빼기
3빼기
좌우와 중간을
백 스티치로
수놓는다

레이지 데이지 스
티치로 꽃을 수놓
고, 중심에 비즈를
넣는다

3넣기
2넣기
1빼기

104

15cm 간격으로,
카우치트 트렐리스 스티치로 수놓는다

1빼기 4넣기 5빼기 8넣기 9빼기
2넣기
3빼기
6넣기
7빼기 10넣기 11빼기
12넣기

5빼기
4넣기
1빼기
2넣기 3빼기

교차하는 곳을
다른 실로 고정시켜
나간다

2넣기
1빼기
3빼기

위아래에
아우트라인 스티치로 수놓는다

1빼기
3빼기
2넣기

아우트라인 스티치를 따라서
플라이 스티치로 수놓는다

3빼기
2넣기 1빼기

비즈를 꿰고 짧은 바늘땀으로
고정시킨다

105

6넣기
7빼기
3빼기
5빼기
4넣기 1빼기
2넣기

지그재그 스티치로 수놓는다

2넣기
3빼기
1빼기

지그재그 스티치를 따라서
비즈와 레이지 데이지 스티치로
수놓는다

4넣기
5빼기

레이지 데이지 스티치를
고정시키는 실은
조금 길게 한다

실물 크기 패턴

2
1

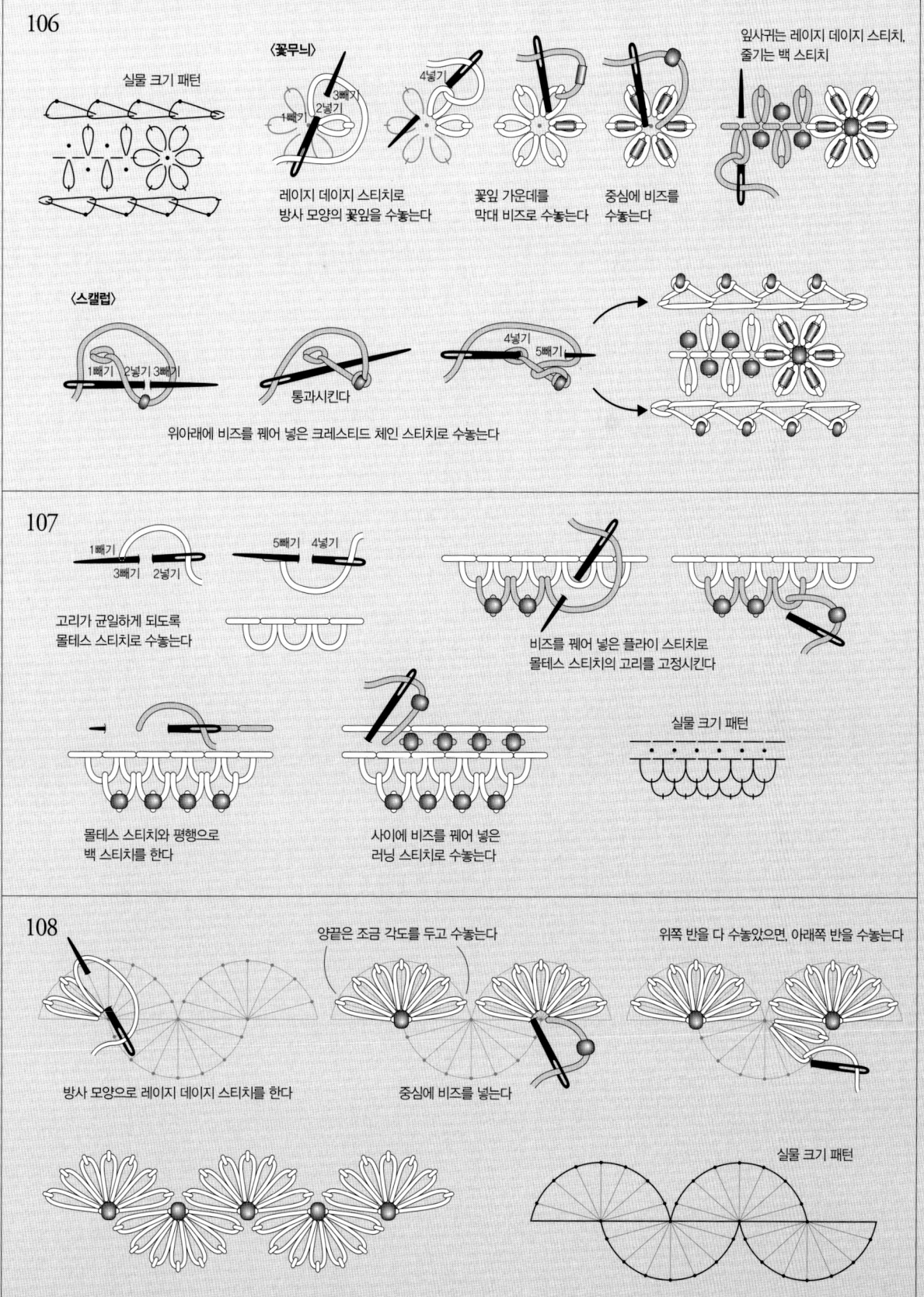

106

실물 크기 패턴

〈꽃무늬〉

3빼기
2넣기
1빼기

4넣기

레이지 데이지 스티치로
방사 모양의 꽃잎을 수놓는다

꽃잎 가운데를
막대 비즈로 수놓는다

중심에 비즈를
수놓는다

잎사귀는 레이지 데이지 스티치,
줄기는 백 스티치

〈스캘럽〉

1빼기 2넣기 3빼기

통과시킨다

4넣기
5빼기

위아래에 비즈를 꿰어 넣은 크레스티드 체인 스티치로 수놓는다

107

1빼기
3빼기 2넣기

5넣기 4넣기

고리가 균일하게 되도록
몰테스 스티치로 수놓는다

비즈를 꿰어 넣은 플라이 스티치로
몰테스 스티치의 고리를 고정시킨다

몰테스 스티치와 평행으로
백 스티치를 한다

사이에 비즈를 꿰어 넣은
러닝 스티치로 수놓는다

실물 크기 패턴

108

양끝은 조금 각도를 두고 수놓는다

위쪽 반을 다 수놓았으면, 아래쪽 반을 수놓는다

방사 모양으로 레이지 데이지 스티치를 한다

중심에 비즈를 넣는다

실물 크기 패턴

87

109

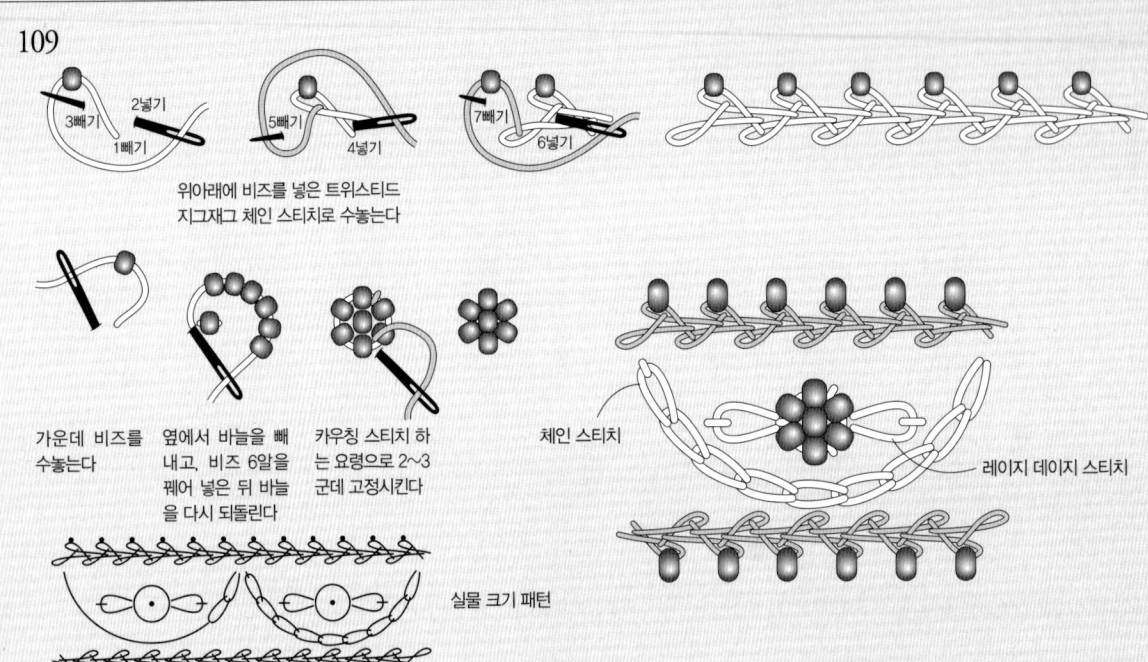

위아래에 비즈를 넣은 트위스티드
지그재그 체인 스티치로 수놓는다

가운데 비즈를
수놓는다

옆에서 바늘을 빼
내고, 비즈 6알을
꿰어 넣은 뒤 바늘
을 다시 되돌린다

카우칭 스티치 하
는 요령으로 2~3
군데 고정시킨다

체인 스티치

레이지 데이지 스티치

실물 크기 패턴

111

크로스 스티치 차트

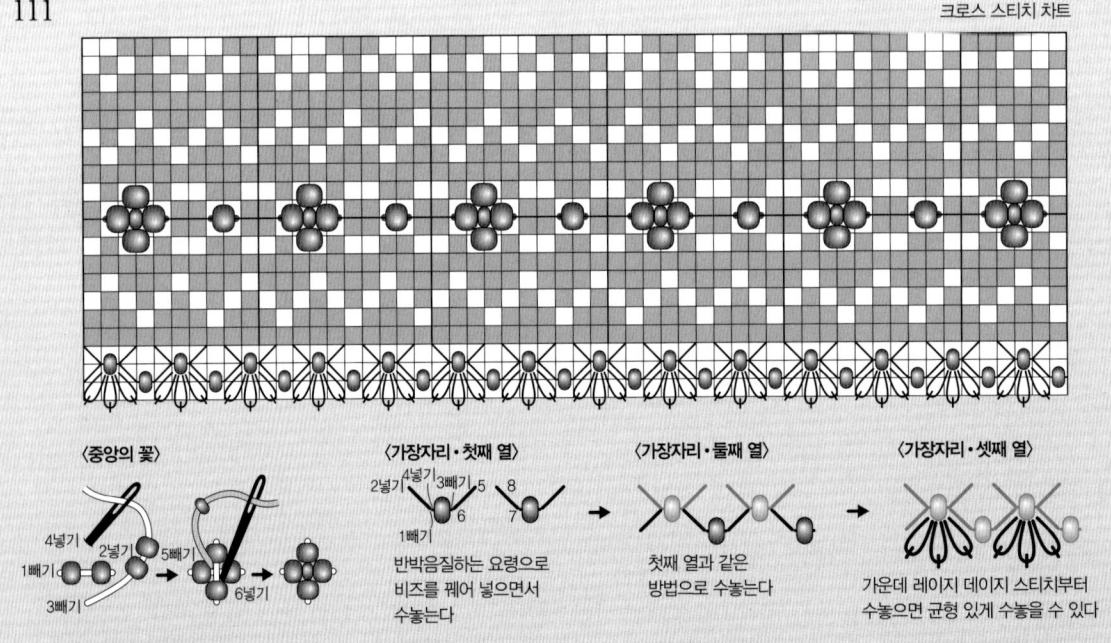

〈중앙의 꽃〉

〈가장자리・첫째 열〉

반박음질하는 요령으로
비즈를 꿰어 넣으면서
수놓는다

〈가장자리・둘째 열〉

첫째 열과 같은
방법으로 수놓는다

〈가장자리・셋째 열〉

가운데 레이지 데이지 스티치부터
수놓으면 균형 있게 수놓을 수 있다

Point

손질할 때는…

귀여운 비즈 자수가 완성되면 오래도록
소중하게 사용하고 싶을 것이다.
베이스 천이나 비즈를 다룰 때 주의해서
손질하도록 하자.

● 세탁할 때는 비즈가 붙어 있는 면
을 안쪽으로 해서 가볍게 손세탁한다.
세탁기를 사용할 경우에는 세탁망에
넣어서 세탁하는 것이 좋다.
● 건조시킬 때는 비즈를 안쪽으로 한
채 그늘에서 말리면 비즈가 퇴색되는
것을 막을 수 있다.

● 비즈나 스팽글에도 여
러 종류가 있어서 세탁을
피해야 하는 것도 있다.
취급 시 주의사항을 잘 읽
어보고 나서 사용하도록
하자.

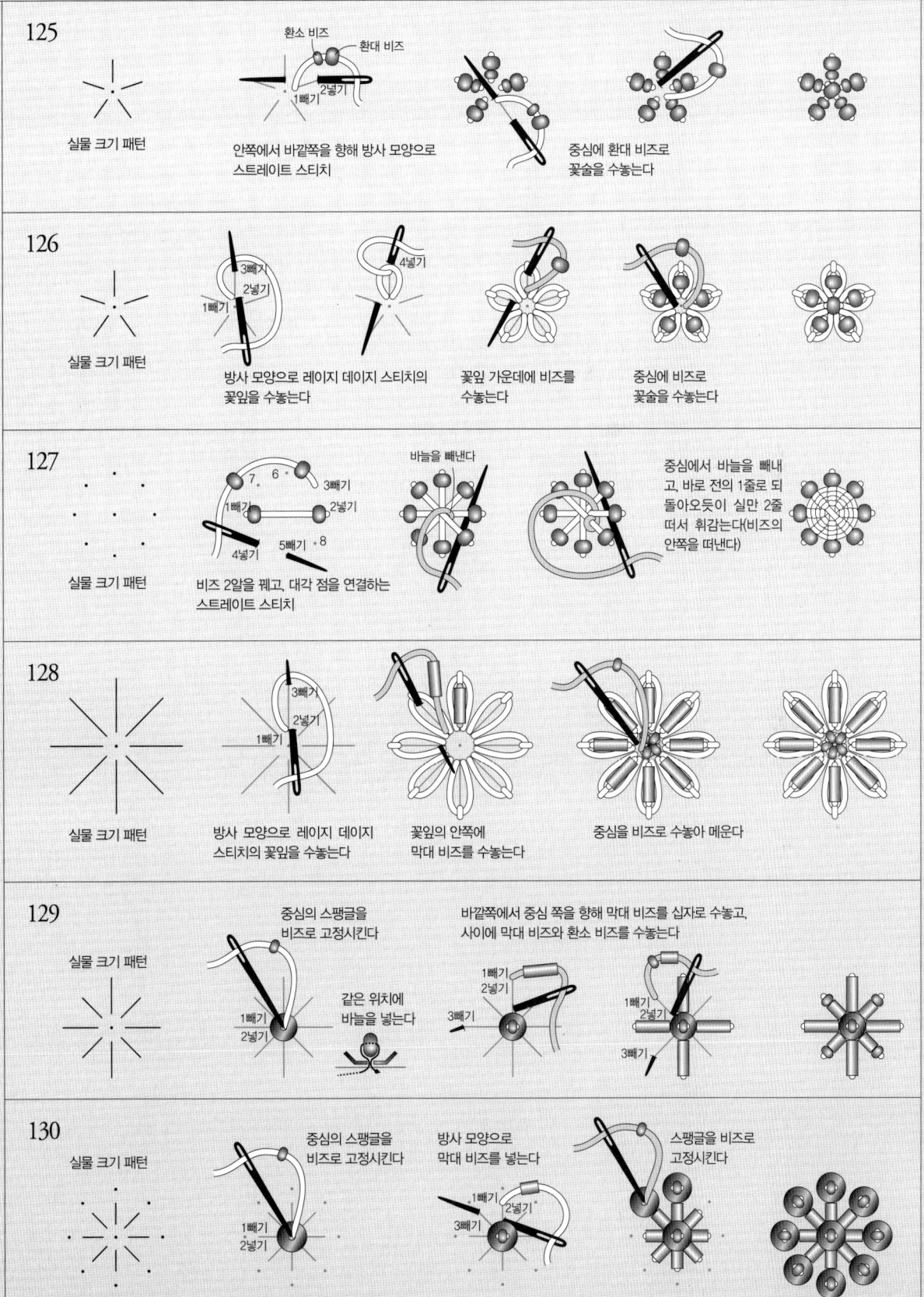

125

실물 크기 패턴

환소 비즈
환대 비즈
1빼기 2넣기

안쪽에서 바깥쪽을 향해 방사 모양으로
스트레이트 스티치

중심에 환대 비즈로
꽃술을 수놓는다

126

실물 크기 패턴

3빼기 4넣기
2넣기
1빼기

방사 모양으로 레이지 데이지 스티치의
꽃잎을 수놓는다

꽃잎 가운데에 비즈를
수놓는다

중심에 비즈로
꽃술을 수놓는다

127

실물 크기 패턴

7 6 3빼기
1빼기 2넣기
4넣기 5빼기 · 8

비즈 2알을 꿰고, 대각 점을 연결하는
스트레이트 스티치

바늘을 빼낸다

중심에서 바늘을 빼내
고, 바로 전의 1줄로 되
돌아오듯이 실만 2줄
떠서 휘감는다(비즈의
안쪽을 떠낸다)

128

실물 크기 패턴

3빼기
2넣기
1빼기

방사 모양으로 레이지 데이지
스티치의 꽃잎을 수놓는다

꽃잎의 안쪽에
막대 비즈를 수놓는다

중심을 비즈로 수놓아 메운다

129

실물 크기 패턴

중심의 스팽글을
비즈로 고정시킨다

1빼기
2넣기

같은 위치에
바늘을 넣는다

바깥쪽에서 중심 쪽을 향해 막대 비즈를 십자로 수놓고,
사이에 막대 비즈와 환소 비즈를 수놓는다

1빼기
2넣기
3빼기

1빼기
2넣기
3빼기

130

실물 크기 패턴

중심의 스팽글을
비즈로 고정시킨다

1빼기
2넣기

방사 모양으로
막대 비즈를 넣는다

1빼기
2넣기
3빼기

스팽글을 비즈로
고정시킨다

P.18 Running Stitch

1   5번 3689(핑크)/환대 919(파란색)·905(핑크)·901(노란색)·943(담자색)
2   5번 3689(핑크)/환대 919(파란색)·905(핑크)·901(노란색)·173(황록색)
3   5번 ECRU(원사)/환대 167(녹색)·401(흰색)·405(붉은색)·402(노란색)·942(갈색)·403(파란색)·174(오렌지색)
4   5번 3689(핑크)/환대 919(파란색)·905(핑크)·901(노란색)·943(담자색)
5   [상] 5번 800(물색)/환대 919(파란색)
    [하] 5번 3689(핑크)/환대 905(핑크)
6   5번 471(녹색)/환대 173(황록색)

P.22 Straight Stitch

7   5번 517(파란색)/환대 405(붉은색)
8   5번 905(녹색)/환대 174(오렌지색)
9   5번 972(노란색)/환대 165(붉은색)·167(녹색)
10 5번 321(붉은색)/환대 22(금색)
11 5번 905(녹색)/환대 405(붉은색)
12 5번 3350(진핑크)/환대 905(핑크)
13 25번 721(오렌지색·4가닥)/환대 163(파란색)·165(붉은색)·167(녹색)·174(오렌지색)

P.24 Back/Pekinese Stitch

14 5번 321(붉은색)/환대 109(붉은색)·174(오렌지색)·175(노란색)·264(청록색)·22
15 5번 321(붉은색)·841(베이지)/환대 175(노란색)·174(오렌지색)·109(붉은색)·264(청록색)·170(담청색)
16 5번 321(붉은색)·841(베이지)/환대 22(금색)
17 5번 321(붉은색)·841(베이지)/환대 405(붉은색)
18 5번 321(붉은색)·841(베이지)/환대 557(금색)
19 5번 321(붉은색)·841(베이지)/환대 173(담녹색)·175(노란색)·174(오렌지색)·109(붉은색)·264(청록색)
20 25번 321(붉은색·3가닥)/환소 165(붉은색)·23(물색)·164(황록색)·191c(핑크)·174(오렌지색)·163(파란색)·101(클리어색)·938(진청색)·558(백금색)

P.26 Outline/Holbein Stitch

21 5번 841(베이지)/환대 105(황록색)·402(노란색)·174(오렌지색)·125(붉은색)·331(진붉은색)
22 5번 841(베이지)/환대 174(오렌지색)·402(노란색)·105(황록색)·125(붉은색)
23 5번 841(베이지)/환대 105(황록색)·402(노란색)·174(오렌지색)·125(붉은색)·331(진붉은색)
24 5번 972(노란색)/환대 167(녹색)
25 5번 905(녹색)/환대 174(오렌지색)·405(붉은색)
26 5번 841(베이지)/환대 331(진붉은색)·402(노란색)·174(오렌지색)
27 5번 321(붉은색)/환대 174(오렌지색)·167(녹색)

P.28 Blanket/Buttonhole Stitch

28 25번 3013(약초색·4가닥)/환대 557(금색)
29 25번 3013(약초색·4가닥)/환대 173(담녹색)·105(황록색)·557(금색)
30 25번 3013(약초색·4가닥)/환대 407(녹색)

31 25번 3023(담회녹색·4가닥)/환대 164(황록색)
32 25번 3013(약초색·4가닥)/환소 402(노란색)·막대 3mm 7(녹색)·막대 6mm 111(진노란색)
33 25번 3032(올리브색·4가닥)/환대 167(녹색)·407(녹색)·402(노란색)·557(금색)
34 25번 3032(올리브색·4가닥)/환대 402(노란색)

P.32 Lazy Daisy Stitch

35 25번 899(핑크·4가닥)/환대 906(핑크)
36 25번 3013(진핑크·4가닥)·5번 ECRU(원사)/환대 557(금색)
37 25번 3607(자주핑크·4가닥)/환소 558(백금색)
38 25번 3805(진핑크·4가닥)/환소 332(적자색)
39 25번 899(핑크·3가닥)/환소 557(금색)
40 25번 3607(자주핑크·3가닥)/환대 264(청록색)
41 25번 3805(진핑크·3가닥)/환대 558(백금색)

P.34 Chain Stitch

42 25번 326(진핑크·4가닥)/환대 558(금색)
43 25번 550(진보라색·4가닥)/환대 191c(핑크)
44 25번 208(보라색·3가닥)/환대 264(청록색)
45 25번 917(핑크·3가닥)/환소 558(백금색)
46 25번 554(담자색·4가닥)/환소 107(파란색)·170(담청색)·105(횡록색)·104(물색)·252(보라색)·558(백금색)
47 25번 554(담자색·4가닥)/환대 943(담자색)·977(연보라색)·252(보라색)
48 25번 209(연보라색·4가닥)/환대 559(금색)·252(보라색)·977(연보라색)

P.36 Cross Stitch

49 25번 3765(파란색·3가닥)/환소 405(붉은색)
50 25번 3765(파란색·3가닥)·3865(흰색·3가닥)/환소 22(금색)·332(적자색)
51 25번 3765(파란색·4가닥)·3865(흰색·4가닥)/환대 558(백금색)
52 25번 3765(파란색·4가닥)/환대 557(금색)
53 25번 3765(파란색·3가닥)/환소 165(붉은색)
54 25번 3865(흰색·3가닥)/환대 332(적자색)·환소 559(금색)
55 25번 3765(파란색·4가닥)/환대 558(백금색)

P.38 Chevron/Herringbone Stitch

56 25번 BLANC(흰색·4가닥)/환대 148(크림색)
57 25번 ECRU(원사·4가닥)/환소 401(흰색)·환대 148(크림색)
58 25번 738(베이지·4가닥)·BLANC(흰색·4가닥)/환대 401(흰색)
59 25번 BLANC(흰색·4가닥)/환대 148(크림색)
60 25번 738(베이지·4가닥)·ECRU(원사·4가닥)/환대 401(흰색)
61 25번 BLANC(흰색·4가닥)·E3821(금색·3가닥)/환대 401(흰색)·148(크림색)·557(금색)
62 25번 BLANC(흰색·4가닥)·738(베이지·4가닥)·E3821(금색·3가닥)/환대 401(흰색)·148(크림색)·557(금색)

P.40 Fern/Fly Stitch

63 25번 3346(녹색·4가닥)/환대 174(오렌지색)·165(붉은색)
64 25번 3346(녹색·4가닥)/환소 402(노란색)·332(적자색)
65 25번 433(갈색·4가닥)/환소 167(녹색)·30(오렌지색)·환대 405(붉은색)
66 25번 973(노란색·4가닥)/환소 167(녹색)·24(황록색)·175(노란색)
67 25번 3347(약초색·4가닥)/환소 174(오렌지색)·175(노란색)·환대 264(청록색)
68 25번 3347(약초색·4가닥)/환대 174(오렌지색)·175(노란색)
69 25번 987(녹색·4가닥)/환대 401(흰색)·402(노란색)

P.42 Couching Stitch

70 25번 353(코럴핑크·4가닥)·739(크림색·4가닥)/환대 905(핑크)
71 25번 353(코럴핑크·4가닥)·739(크림색·4가닥)/환대 122(밀크색)
72 25번 353(코럴핑크·4가닥)·819(담핑크·4가닥)/환대 122(밀크색)·169(담핑크)·905(핑크)
73 25번 353(코럴핑크·4가닥)·819(담핑크·4가닥)/막대 6mm 122(밀크색)·환대 905(핑크)
74 25번 819(담핑크·4가닥)·353(코럴핑크·4가닥)/환대 905(핑크)·169(담핑크)·557(금색)
75 25번 353(코럴핑크·4가닥)·739(크림색·2가닥)/환대 905(핑크)·2mm 펄 200(흰색)
76 25번 739(크림색·4가닥)·353(코럴핑크·2가닥)/환소 122(밀크색)·904(연오렌지색)·558(백금색)

P.44 Open Cretan Stitch

77 25번 738(베이지·4가닥)/환대 122(밀크색)·903(크림색)·558(백금색)
78 25번 3864(핑크베이지·4가닥)/환대 122(밀크색)·164(황록색)
79 25번 738(베이지·4가닥)/재봉실 60번(흰색)/막대 6mm 329(갈색)·122(밀크색)·44(황록색)
80 25번 3863(진베이지·4가닥)·738(베이지·2가닥)/환대 903(크림색)·122(밀크색)·164(황록색)
81 25번 3864(핑크베이지·4가닥)/환대 557(금색)·122(밀크색)·162(조청색)
82 25번 3864(핑크베이지·4가닥)/환대 122(밀크색)·903(크림색)·164(황록색)
83 25번 3863(진베이지)/환대 558(백금색)·122(밀크색)·903(크림색)

P.46 Zigzag Stitch

84 25번 747(물색·4가닥·비즈를 수놓을 때는 2가닥)/막대 3mm 168(파란색)·환소 104(물색)
85 25번 3811(연색스블루·4가닥)/환소 104(물색)·107(파란색)·170(담청색)
86 25번 598(색스블루·4가닥)/환대 173(담녹색)
87 25번 598(색스블루·4가닥)/막대 6mm 3(물색)·환대 920(색스블루)
88 25번 597(진색스블루·4가닥)/막대 6mm 3(물색)·23(물색)

21(은색)

89 25번 597(진색스블루·4가닥)/환소 104(물색)
105(황록색)

90 25번 3810(파란색·4가닥)/환소 403(물색)·163(파란색)

P.48 Feather Stitch

91 25번 518(파란색·2가닥)/환소 931(파란색)·558(백금색)

92 25번 498(붉은색·2가닥)/막대 3mm 45(붉은색)환소 558(백금색)

93 25번 898(갈색·4가닥)/환대 332(적자색)·558(백금색)
559(금색)

94 25번 498(붉은색·4가닥)/환대 264(청록색)

95 25번 600(진핑크)/환대 559(금색)·329(갈색)

96 25번 898(갈색·4가닥)/환대 23(물색)

97 97 25번 498(붉은색·4가닥)/막대 3mm 22(금색)

P.50 Lace Stitch

98 98·99·107·109 12번 B5200(흰색)/환소 401(흰색)

100 8번 ECRU(원사)·B5200(흰색)·재봉실 60번(흰색)/
환소 401(흰색)

101 12번 B5200(흰색)·8번 ECRU(원사)·B5200(흰색)/
2mm 펄 200(흰색)

102 8번 ECRU(원사)·B5200(흰색)/환대 401(흰색)

103 12번 B5200(흰색)/환소·환대 401(흰색)

104 12번 B5200(흰색)/환소 21(은색)·2mm 펄 200(흰색)

105 12번 B5200(흰색)/2mm 펄 200(흰색)

106 12번·8번 B5200(흰색)/환소·막대 3mm·환대 401(흰색)

108 12번 B5200(흰색)/환대 401(흰색)

110 8번 B5200(흰색)/환소 401(흰색)

111 12번 B5200(흰색)/환소·환대 401(흰색)·환소 21(은색)

P.56 Edging Stitch

112 25번 3804(진핑크·4가닥)/환대 404(황록색)

113 25번 498(붉은색·4가닥)/환대 165(붉은색)·174(오렌지색)
557(금색)

114 25번 898(갈색·4가닥)·741(오렌지색·4가닥)/
환대 563(메탈릭 핑크)

115 25번 603(핑크·3가닥)/환대 329(갈색)

116 25번 721(오렌지색·3가닥)/환소 909(핑크)·405(붉은색)
174(오렌지색)·329(갈색)

117 25번 498(붉은색)·603(핑크)·721(오렌지색) 각 4가닥/
환대 557(금색)

118 25번 3804(진핑크)·721(오렌지색) 각 4가닥/환대 557(금색)
563(메탈릭 핑크)

P.58 Filling Stitch

★실은 마사(라미) 손바느질 실·중세사(4번실)·내추럴

119 [좌] 환대 174(오렌지색)·165(붉은색) [중] 환대
163(물색)·401(흰색) [우] 환대 175(노란색)
164(황록색)

120 [좌] 마가타마 4mm M25(붉은색) [중] 마가타마 5mm
M248(파란색) [우] 마가타마 4mm M43(물색)

121 [좌] 환대 23(물색) [중] 환대 402(노란색)
[우] 환대 27(녹색)

122 [좌] 환대 264(청록색) [중] 환대 174(오렌지색)
[우] 환대 104(물색)

---

123 [좌] 환대 405(붉은색) [중] 환대 403(물색)
[우] 환대 404(황록색)

124 [좌] 환대 175(노란색) [중] 환대 165(붉은색)
[우] 환대 174(오렌지색)

P.60 One Point Motif

125 ★실은 모두 4가닥
[1단째] 25번 996(물색)/환대·환소 403(물색)
557(금색)
[2단째] 25번 996(물색)/환대·환소 23(물색)
557(금색)
[3단째] 25번 996(물색)/환대 23(물색)·557(금색)
환소 403(물색)
[4단째] 25번 3804(진핑크)/환대·환소 553(핑크)
557(금색)
[5단째] 25번 3804(진핑크)/환대·환소 332(적자색)
557(금색)
[6단째] 25번 3804(진핑크)/환대 405(붉은색)·557(금색)
환소 332(적자색)
[7단째] 25번 917(핑크)/환대·환소 563(메탈릭 핑크)
[8단째] 25번 702(녹색)/환대 7(녹색)·557(금색)
환소 563(메탈릭 핑크)
[9단째] 25번 917(핑크)/환대 563(메탈릭 핑크)·557(금색)
환소 27(녹색)

126 ★실은 모두 4가닥
[1단째] 25번 996(물색)/환대 23(물색)·402(노란색)
[2단째] 25번 826(파란색)/환대 403(물색)·557(금색)
[3단째] 25번 826(파란색)·917(핑크)/환대 23(물색)
563(메탈릭 핑크)
[4단째] 25번 3804(진핑크)/환대 908(핑크)·332(적자색)
[5단째] 25번 3804(진핑크)/환대 332(적자색)
558(백금색)
[6단째] 25번 815(진붉은색)/환대 557(금색)·405(붉은색)
[7단째] 25번 3607(핑크)/환대 45(붉은색)·557(금색)
[8단째] 25번 917(핑크)/환대 563(메탈릭 핑크)
557(금색)
[9단째] 25번 917(핑크)/환대 27(녹색)·557(금색)

127 ★실은 모두 4가닥
[1단째] 25번 826(파란색)/환대 403(물색)
[2단째] 25번 826(파란색)/환대 23(물색)
[3단째] 25번 3804(진핑크)/환대 332(적자색)
[4단째] 25번 815(진붉은색)/환대 557(금색)
[5단째] 25번 3607(핑크)/환대 563(메탈릭 핑크)
[6단째] 25번 917(핑크)/환대 27(녹색)

128 ★실은 모두 4가닥
[1단째] 25번 996(물색)/막대 6mm 163(파란색)·환소 557(금색)
[2단째] 25번 826(파란색)/막대 6mm 23(물색)·
환소 402(노란색)
[3단째] 25번 3804(진핑크)/막대 6mm 332(적자색)
환소 557(금색)
[4단째] 25번 815(진붉은색)/막대 6mm 332(적자색)
환소 402(노란색)
[5단째] 25번 3607(핑크)/막대 6mm 45(붉은색)·환소 557(금색)
[6단째] 25번 917(핑크)/막대 6mm 27(녹색)·환소 557(금색)

---

129 ★실은 모두 재봉실 60번(원사) 2가닥
[1단째] 스팽글 육각형 5mm 504(파란색)·막대 6mm 23(파
란색)·막대 3mm 23(파란색)·환소 557(금색)
[2단째] 스팽글 육각형 5mm 502(녹색)·막대 6mm 27(녹
색)·막대 3mm 27(녹색)·환소 557(금색)
[3단째] 스팽글 육각형 5mm 501(금색)·막대 6mm 332(적
자색)·막대 3mm 332(적자색)·환소 557(금색)·332(적자색)
[4단째] 스팽글 육각형 5mm 507(붉은색)·막대 6mm
22(금색)·막대 3mm 332(적자색)·환소 557(금색)
[5단째] 스팽글 육각형 5mm 506(핑크)·막대 6mm 22(금
색)·막대 3mm 22(금색)·환소 557(금색)·563(메탈릭 핑크)
[6단째] 스팽글 육각형 5mm 506(핑크)·막대 6mm 27(녹
색)·막대 3mm 27(녹색)·환소 27(녹색)·563(메탈릭 핑크)

130 ★실은 모두 재봉실 60번(원사) 2가닥
[1단째] 스팽글 육각형 5mm 504(파란색)·막대 3mm 22(금
색)·환소 405(붉은색)·558(백금색)
[2단째] 스팽글 육각형 5mm 504(파란색)·502(녹색)·막대
3mm 22(금색)·환소 557(금색)
[3단째] 스팽글 육각형 5mm 507(붉은색)·막대 3mm
22(금색)·환소 557(금색)
[4단째] 스팽글 육각형 5mm 501(금색)·막대 3mm 332(적
자색)·환소 332(적자색)
[5단째] 스팽글 육각형 5mm 506(핑크)·막대 3mm 22(금
색)·환소 557(금색)
[6단째] 스팽글 육각형 5mm 506(핑크)·502(녹색)·막대
3mm 27(녹색)·환소 557(금색)

비즈가 귀여운 자수 스티치

초판 1쇄 인쇄_ 2014년 5월 5일
초판 1쇄 발행_ 2014년 5월 10일

지은이_ CRK DESIGN・YASUKO ENDO
옮긴이_ 황선영
펴낸이_ 명혜정
펴낸곳_ 도서출판 이아소
디자인_ 나무디자인

등록번호_ 제311-2004-00014호
등록일자_ 2004년 4월 22일
주소_ 121-841 서울시 마포구 월드컵북로5나길 18 1012호
전화_ (02)337-0446 팩스_ (02)337-0402

책값은 뒤표지에 있습니다.
ISBN 978-89-92131-84-1 13590

도서출판 이아소는 독자 여러분의 의견을 소중하게 생각합니다.
E-mail: iasobook@gmail.com